FALTPLAN

»Schreiben Sie uns!

Wir hoffen, dass Ihnen dieser Reiseführer gefällt und er Ihnen ein guter Begleiter auf einer außergewöhnlichen und spannenden Reise ist.

Weil ein Reiseführer von Erfahrungen lebt, sind wir an Ihren Erlebnissen interessiert: Haben Sie im Buch ein Restaurant entdeckt, das es nicht mehr gibt, eine Sehenswürdigkeit, die wir noch nicht aufgeführt haben, oder eine falsche Adresse? Dann schreiben Sie uns!

Wir nehmen jeden Hinweis und jede Kritik ernst und arbeiten kontinuierlich daran, die Bücher aktuell zu halten und immer weiter zu verbessern. Auch wenn wir nicht jeden Wunsch erfüllen können, machen wir uns immer Gedanken über Ihre Anmerkungen.

Schreiben Sie an: info@reise-know-how.de oder Reise Know-How Verlag Peter Rump GmbH, Postfach 140666, 33626 Bielefeld

Wenn sich Ihre Infos direkt auf das Buch beziehen, bitten wir um die Angabe der Seitenzahl und der Auflagennummer bzw. des Erscheinungsjahres. Besonders hilfreiche Beiträge belohnen wir mit einem Sprachführer Ihrer Wahl aus unserer „Kauderwelsch"-Reihe.

Herzlichen Dank und gute Reisen
Ihr Reise Know-How Verlag

Diesem Buch wurde hier ein herausnehmbarer Faltplan be
Sollte er beim Erwerb des Buches nicht mehr vorhanden sein,
r nach.

Liebe Leserin, lieber Leser,

ein unabhängiger Verlag für unabhängig Reisende – das sind wir, der Reise Know-How Verlag aus Bielefeld, eines der letzten Familienunternehmen in der Branche. Obwohl wir zu den größten Reiseführerverlagen Deutschlands gehören, ist der familiäre Umgang miteinander in allen Bereichen des Verlagslebens zu spüren: In der Geschäftsführung in zweiter Generation, in einer wertschätzenden Arbeitsatmosphäre, in der Nähe zu unseren frei arbeitenden Autorinnen und Autoren, im engen Austausch mit unseren Leserinnen und Lesern – und auch in der Zusammenarbeit mit Druckereien in Deutschland, in denen wir ausschließlich und regional unsere Bücher produzieren. Die sollen schließlich erst mit Ihnen auf große Reise gehen.

Alles, was wir in unsere Bücher und Landkarten stecken, soll Ihnen eines ermöglichen: Auf Ihre ganz eigene, individuelle Weise die Welt zu entdecken. Wir wünschen Ihnen viel Freude und unvergessliche Erlebnisse mit diesem Reiseführer.

Es grüßen herzlich
Peter Rump & Wayan Rump

Die Prise Salz für den perfekten Urlaub

Die Regionen Salzburger Land und Salzkammergut erstrecken sich über die Ostalpen und trumpfen mit atemberaubenden Naturlandschaften auf: einerseits schroffe Bergwelten, die sich auf über 3000 m Höhe erstrecken und erwandert bzw. erklettert werden können, andererseits liebliche Flusstäler und hinreißende Seen, die sich im Sommer geradezu perfekt für eine kühle Erfrischung, eine gemütliche Schiffsrundfahrt oder ein bisschen Wassersport anbieten.

Wo auch immer man sich in dieser reichen Kulturlandschaft befindet: Der nächste Ort ist nie weit, weshalb sich die Outdoor-Freuden überall optimal mit dem städtischen Komfort so reizender Orte wie Salzburg (s. S. 20), Bad Ischl 26 oder Gmunden 22 kombinieren lassen.

Egal zu welcher Jahreszeit man die Regionen Salzburger Land und Salzkammergut bereist, das Angebot an Urlaubsaktivitäten ist geradezu überbordend. Hinzu kommt eine vielseitige Gastronomie, gepaart mit einem umfangreichen Kulturangebot, lebendigem Brauchtum, einer bestens erschlossenen Infrastruktur und vielfältigen Unternehmungen gerade auch für Familien mit Kindern. Kein Wunder also, dass dieser bezaubernde Teil Österreichs so etwas wie das – namensgebende – „Salz in der Suppe“ für einen einzigartigen Urlaub ist. Dass es bei so vielen Betätigungsfeldern guttut, hilfreiche, fundiert recherchierte Informationen im Vorfeld zu bekommen, ist einleuchtend. In diesem Geiste wurde der vorliegende Reiseführer geschrieben, der Sie für diesen reizvollen Landstrich begeistern soll.

Der Autor

Daniel Krasa wurde 1976 in Wien geboren, verbrachte aber einen Großteil seines Lebens „auf Achse“ im Nahen Osten, in Südamerika, aber auch in Indien, Südostasien und Japan. Wenn ihn das Heimweh hin und wieder in rot-weiß-rote Gefilde zurückführt, dann reizen den Autor v. a. die traumhaften Landschaften des Salzburger Landes und des Salzkammerguts, denn hier sind Abenteuer und Erholung vorprogrammiert.

Im Reise Know-How Verlag liegen von Daniel Krasa mehrere Bände in der Kauderwelsch-Reihe, die CityTrips Frankfurt, Graz, Neapel, Tel Aviv, Thessaloníki und Wien sowie die Reiseführer Österreich und Ibiza mit Formentera (zusammen mit Hans-R. Grundmann) vor.

098ms-rk

Meine

001ms-dk

Salzburg [H3]

Die größte Stadt der Region ist angesichts ihres romantischen, barock geprägten Zentrums sowie natürlich dank ihres berühmten Sohnes Wolfgang Amadeus Mozart (s. S. 25) weltberühmt. Gleichgültig, ob man nun Kultur oder Dolce Vita zu schätzen weiß, in Salzburg bekommt man von beidem reichlich (s. S. 20).

002ms-dk

15 Fuschlsee [J3]

Im seenreichen Salzkammergut mag der Fuschlsee zwar „nur" einer von vielen sein, doch durch sein kristallklares, türkis schimmerndes Erscheinungsbild und die auffallend gute Wasserqualität ist er sowohl zum Baden als auch für ausgedehnte Spaziergänge ideal. Ein Naturerlebnis der ganz besonderen Art (s. S. 39)!

003ms-dk

22 Gmunden [M2]

Ein Besuch des wundervollen Gmunden am Ufer des riesigen, malerischen Traunsees 21 sollte man keinesfalls verpassen. Ob in der reizenden Altstadt, an der Promenade oder im Schloss Ort: Es fällt nicht schwer, hier ins Schwärmen zu geraten. Und natürlich lädt Gmundens historisches Freibad im Sommer auch zum Baden im See ein (s. S. 50).

004ms-dk

26 Bad Ischl [L4]

Bad Ischl, wo Kaiser Franz Joseph I. und seine Sisi einst ihre Sommerfrische verbrachten, strahlt bis heute eine gehörige Portion k. u. k. Charme aus. Wer durch den Kurpark schlendert oder die Kaiservilla mit dem Marmorschlössl besucht, der fühlt sich schnell ins ausgehende 19. Jh. zurückversetzt (s. S. 55).

Lieblingsorte

30 Dachstein-Nordseite [M6]
Mit 2995 m ist der Hohe Dachstein zwar nicht der höchste Berg der Regionen Salzburger Land und Salzkammergut, doch dank seines gewaltigen Hochplateaus ist er optimal für jegliche Art von Outdoor-Aktivität geeignet, egal ob zum Spazieren, Wandern oder Klettern. Und in seinen geheimnisvollen Höhlen sind außerdem jede Menge Abenteuer garantiert (s. S. 61).

005ms-dk

35 Tauplitzalm [O5]
Dieses traumhafte Landschaftseldorado mit seinen sechs Bergseen bietet Almfeeling vom Feinsten. Naturliebhaber kommen hier oben zu praktisch jeder Jahreszeit auf ihre Kosten. Ein einmaliges Erlebnis ist ein Besuch im Frühling und Sommer, wenn sich die Tauplitzalm in ein riesiges Blütenparadies verwandelt (s. S. 67).

006ms-lm

60 Kaprun [F9]
Die Bergregion um Kaprun ist ein Wandergebiet der Superlative, das vom Kitzsteinhorn auf 3203 m den perfekten Weitblick garantiert. Die Gletscherfelder hier oben speisen die beiden eindrucksvollen Hochgebirgsstauseen, die sich weiter unten spektakulär vor den Gipfeln ausdehnen (s. S. 93).

007ms-dk

64 Krimmler Wasserfälle [A10]
Über drei Höhenstufen und insgesamt 385 m stürzt die Krimmler Ache in die Tiefe. Damit bildet sie die höchsten Wasserfälle Österreichs. Auf einem Rundweg kommt man ihnen teilweise ganz nah – aber Vorsicht, es kann feucht werden! Eine garantiert atemberaubende Begegnung mit dem Element Wasser (s. S. 98).

008ms-vk

Inhalt

Bewertung der Sehenswürdigkeiten

★★★ nicht verpassen
★★ besonders sehenswert
★ wichtig für speziell interessierte Besucher

Updates zum Buch

www.reise-know-how.de/meintrip/salzburg23

Postkartenidylle am Traunsee (21): Traunkirchen (23) mit dem Johannesberg (010ms-dk)

Benutzungshinweise

Orientierungssystem

Die in den folgenden Kapiteln beschriebenen Attraktionen sind jeweils mit einer **fortlaufenden magentafarbenen Nummer** (1) gekennzeichnet, die sich als Ortsmarke im Faltplan oder Ortsplan wiederfindet. Steht die Nummer im Fließtext, verweist sie auf die ausführliche Beschreibung dieser Attraktion.

Alle weiteren Points of Interest wie Unterkünfte, Restaurants oder Cafés tragen ein **Symbol und eine fortlaufende rote Nummer** (1).

Die Angabe in **eckigen Klammern** verweist auf das Planquadrat im Faltplan bzw. auf die Seitenzahl des Ortsplans. Beispiele:
26 Bad Ischl ★★★ [L4]
28 [S. 144] Café Tomaselli

Befinden sich Points of Interest außerhalb der Ortspläne, kann ihre Lage wie die aller Ortsmarken mithilfe der **begleitenden Web-App** (s. S. 143) angezeigt werden: **www.reise-know-how.de/meintrip/salzburg23**

Der Schmetterling ...

... zeigt an, wo man besonders gut Natur erleben kann oder Angebote im Bereich des nachhaltigen Tourismus findet.

Kinder-Tipps

Das Symbol kennzeichnet Sehenswertes, Unterkünfte und Aktivitäten, an denen auch kleine Urlauber ihre Freude haben.

Preiskategorien

Unterkünfte

Die Preise beziehen sich auf ein Doppelzimmer mit Frühstück.

€	bis 100 €
€€	100–200 €
€€€	ab 200 €

Gastronomie

Die Preise gelten für ein Hauptgericht mit Getränk.

€	bis 25 €
€€	25–40 €
€€€	ab 40 €

Vorwahlen

- **Deutschland:** 0049
- **Österreich:** 0043
- **Schweiz:** 0041

Die Telefonnummern in diesem Buch sind stets mit der entsprechenden Ortsvorwahl, aber ohne die Ländervorwahl Österreichs angegeben.

SALZBURGER LAND & SALZKAMMERGUT IM ÜBERBLICK

009ms-dk

Salzburger Land und Salzkammergut – ein Porträt

Wenn es um Salzburg geht, ist die Verwirrung mitunter groß, denn der Name bezeichnet sowohl Mozarts Geburtsstadt als auch das Bundesland, das von den Tourismusverbänden häufig „Salzburger Land" genannt wird. Seit der Frühzeit wurde in der gesamten Region das namensgebende Salz abgebaut.

Salzburg ging aus dem seit 1328 bestehenden **Erzstift** und späteren **Herzogtum** hervor, das zumindest formal zum Bayerischen Reichskreis gehörte. Erst 1816 wurde es Teil der **Habsburgermonarchie** bzw. des Kaiserreiches Österreich. Das **Salzkammergut** hingegen war bereits seit dem 13. Jh. Teil dieses Reiches und der Großteil dieser Region erstreckt sich auf oberösterreichischem und steirischem Territorium.

Das **Bundesland Salzburg** hat eine Fläche von 7155 km² und eine Bevölkerung von ca. 561.000 Einwohnern, von denen zwei Drittel im Ballungsraum Salzburg leben. Historisch wurde das Bundesland in **fünf Gaue** unterteilt, die auch heute noch den **Verwaltungsbezirken** entsprechen.

Steckbrief Salzburger Land und Salzkammergut

- **Einwohner:** 561.000 (Salzburger Land), ca. 170.000 (Salzkammergut ohne Salzburger Land)
- **Fläche:** 7155 km² (Salzburger Land), ca. 2800 km² (Salzkammergut ohne Salzburger Land)
- **Höchste Erhebung:** Großvenediger mit 3657 m (Salzburger Land), Hoher Dachstein mit 2995 m (Salzkammergut)
- **Anzahl der Übernachtungen pro Jahr:** ca. 25 Mio. (Salzburger Land), ca. 3,5 Mio. (Salzkammergut ohne Salzburger Land)

Salzburg

Die gleichnamige **Hauptstadt des Bundeslandes** zählt zweifelsohne zu den malerischsten Orten Österreichs, haben ihr doch die regierenden Erzbischöfe über die Jahrhunderte hinweg repräsentative Bauten geschenkt. So machen diverse Kirchen, Brunnen, Schlösser, Residenzen und Gartenanlagen Salzburg zur **Perle der barocken Baukunst** schlechthin.

Flachgau mit Salzburger Seenland

Im Norden des Bundeslandes Salzburg befindet sich der Flachgau, in dem sich das herrliche Salzburger Seenland mitsamt dem atemberaubenden **Fuschlsee** ⑮ und dem weltberühmten **Wolfgangsee** ⑱ ausdehnt. Doch auch die weniger bekannten Gewässer im **Trumer Seenland** (s. S. 36) und der **Wallersee** ⑭ lohnen definitiv einen Besuch.

Oberösterreichisches Salzkammergut

Auch jenseits der oberösterreichischen Grenze setzt sich das Seengebiet im Salzkammergut fort, wobei der markante **Mondsee** ⑲ und der naturbelassene **Irrsee** (s. S. 46)

Vorseite: Traumhafte Ausblicke, wie hier am Dachstein ㉚, sind in der Region garantiert

011ms-dk

weitab vom Trubel liegen. Ganz anders zeigen sich der romantische **Attersee** 20, der eindrucksvolle **Traunsee** 21 und der mystische **Hallstätter See,** an dessen Ufer das weltberühmte **Hallstatt** 28 liegt.

Wanderer und Kletterer zieht es hier etwa ins **Gosautal** 29 und auf das Plateau des **Dachsteinmassivs** 30. Im oberösterreichischen Teil des Salzkammerguts lebt aber auch noch vielerorts der **Charme der k. u. k. Monarchie** weiter, beispielsweise in mondänen Orten wie **Bad Ischl** 26 oder **Gmunden** 22.

Ausseerland und Schladming-Dachstein

Weiter südöstlich bildet das steirische Ausseerland mit dem **Naturschutzgebiet Totes Gebirge** ein weltfernes Refugium für ambitionierte Tourengeher. Ausgangsort ist das schmucke **Bad Aussee** 31, in dessen Umgebung auch der tiefblaue **Altausseer See** mit dem gleichnamigen Kurort 32, der von Wald umgebene **Grundlsee** 33 und der geheimnisumwobene Toplitzsee (s. S. 66) eine Stippvisite Wert sind.

Aktivurlauber zieht es auf die malerische **Tauplitzalm** 35 und in die Bergwelt um **Schladming** 36. Und auch von steirischer Seite aus – ab **Ramsau** 37 – erreicht man den **Hohen Dachstein** mit seinen 2995 m Höhe.

Tennengau

Im Tennengau locken **Hallein** 39, die zweitgrößte Stadt im Bundesland Salzburg, die viel besuchten **Salzwelten Bad Dürrnberg** 40 und die atemberaubende **Berglandschaft** im Süden und Osten der Region. Aber auch im **Salzburger Freilichtmuseum** (s. S. 71) in Großgmain oder beim **Canyoning und Rafting** in der Gegend um **Abtenau** 42 sind bleibende Eindrücke garantiert.

Hier wird's selten voll: Entspannung verspricht der Altausseer See [M5]

Pongau

Alpin bis hochalpin präsentiert sich der Pongau, wobei sich speziell das **Tennengebirge** (s. S. 77) und der **Hochkönig** 46 für erlebnisreiche Touren anbieten, ebenso wie das sensationelle **Gasteinertal** (s. S. 86) und das parallel dazu verlaufende **Großarltal** 54. Doch auch die größeren Orte wie **St. Johann** 47, **Radstadt** 52 und das durch sein Heilwasser berühmte **Bad Gastein** 57 haben reichlich Flair und sollten bei einem Besuch nicht fehlen.

Mit der **Eisriesenwelt** 43 und der **Entrischen Kirche** 55 besitzt der Pongau zwei der gewaltigsten **Höhlen** des Landes, während die trutzige **Burg Hohenwerfen** 44 und die beeindruckende **Liechtensteinklamm** 49 abwechslungsreiche Besichtigungen versprechen.

Aktivurlauber sollten sich in so reizende Örtchen wie **Filzmoos** 53 oder **Flachau und Wagrain** 50 begeben, wo das Angebot an Outdooraktivitäten überbordend ist.

013ms-dk

Pinzgau

Den westlichsten Teil des Bundeslandes Salzburg bestimmt der Pinzgau, dessen Bezirkshauptstadt **Zell am See** 59 Reisenden aus aller Welt ein Begriff sein dürfte. Das nahe **Kaprun** 60 bietet mit dem **Kitzsteinhorn** und den beiden sensationellen **Hochgebirgsstauseen** (s. S. 94) zwei einzigartige Attraktionen. Im äußersten Westen sollte man keineswegs die **Krimmler Wasserfälle** 64 verpassen. Im **Nationalpark Hohe Tauern** (s. S. 96) kann man in ursprüngliche Natur eintauchen und das **Raurisertal** 58, das **Stubachtal** 61 sowie das **Habachtal** 63 versprechen auch außergewöhnliche Erlebnisse wie Goldschürfen oder die Suche nach Smaragden.

Viel befahren wird die legendäre **Großglockner-Hochalpenstraße** (s. S. 91) nach Kärnten, während der weniger bekannte Norden des Pinzgaus mit dem netten **Saalfelden** 66 und den **Saalachtaler Naturgewalten** (s. S. 101) spannende Entdeckungen verheißt.

◁ *Schieflage inklusive: mit dem Schrägaufzug geht es zu den Stauseen in Kaprun* 60

▷ *Der Lungauer Prebersee ist ein idyllischer Ort der Stille (s. S. 108)*

Lungau

Im Lungau geht es ausgesprochen ruhig, ja beinahe beschaulich zu. Die **Niederen Tauern** prägen hier das Landschaftsbild und weisen unzählige Wanderrouten in fast unberührter Natur auf, vorbei an **Almen und Bergseen**, beispielsweise im Göriachtal bei **Mariapfarr** 70, in der Region Großeck-Speiereck oder im idyllischen Naturpark Riedingtal bei **St. Michael** 68. Zugleich ist im Lungau noch **uraltes Brauchtum** lebendig: Das schmucke **Tamsweg** 71 und das mittelalterlich anmutende **Mauterndorf** 69 geben Einblick in die traditionsreiche Vergangenheit.

014ms-dk

Meine Literaturtipps

- Dutzler, Herbert: **Gasperlmaier. Die ersten drei Altaussee-Krimis. Letzter Kirtag. Letzter Gipfel. Letzte Bootsfahrt,** Haymon Verlag 2014. In diesem Sammelband finden sich die ersten drei Teile der überaus beliebten Kult-Krimireihe um den liebenswürdigen Inspektor Gasperlmaier, dessen Fälle im idyllischen Ausseerland spielen. Wer der Spannung und der ergreifenden Komik erliegt, findet u. a. mit **Letzter Jodler** (2020) und **Letzter Knödel** (2021) reichlich Nachschub.
- Geiger, Arno: **Unter der Drachenwand,** dtv Verlagsgesellschaft 2019. Ein eindrucksvoller Antikriegsroman um den Soldaten Veit Kolbe, der 1944 seinen Heimaturlaub am Mondsee 19 verbringt. Auf tragische Weise wird hier eine Geschichte über die Toten und die Überlebenden des Zweiten Weltkriegs erzählt.
- Haas, Wolf: **Auferstehung der Toten** und **Silentium!,** Rowohlt 2000. Die Krimis um den Privatdetektiv Simon Brenner stellen sehr gekonnte Milieustudien dar und spielen je nach Titel in verschiedenen Orten Österreichs, in diesem Fall in Zell am See 59 und Salzburg. „Silentium!" wurde mit Josef Hader in der Titelrolle kongenial verfilmt.
- James, Louis: **So sind sie, die Österreicher. Die Fremdenversteher,** Reise Know-How Verlag 2017. Kurz, aber äußerst unterhaltsam und sympathisch wird hier auf die Eigenarten und Macken der Österreicherinnen und Österreicher eingegangen.
- Torberg, Friedrich: **Die Tante Jolesch oder Der Untergang des Abendlandes in Anekdoten,** Anaconda Verlag 2011. Eine Sammlung – angeblich wahrer – Anekdoten aus dem vorwiegend jüdisch-intellektuellen Milieu Wiens und Prags, aber auch Bad Ischls 26 in der Zwischenkriegszeit.

Unterkunft finden

Als „klassische“ touristische Destinationen verfügen die Regionen Salzburger Land und Salzkammergut über Übernachtungsmöglichkeiten aller Kategorien. Je nach Saison und Ort können die Preise sehr unterschiedlich sein. Eine **Vorausbuchung** empfiehlt sich das ganze Jahr über.

Alle Ortschaften der Region erheben eine **Ortstaxe** bzw. eine sogenannte **Nächtigungsabgabe**, die je nach Gemeinde unterschiedlich hoch ausfallen kann.

Die besten Standorte

Wer mehrere Attraktionen erkunden möchte, mag sich fragen, welche Orte besonders gut als **Ausgangsbasis** geeignet sind. Durch die überschaubare Größe der Region ist kein in diesem Buch beschriebener Standort grundsätzlich ungeeignet, doch gerade was das **Preis-Leistungs-Verhältnis** angeht und speziell dann, wenn man auf **öffentliche Verkehrsmittel** angewiesen ist, haben doch bestimmte Orte ihre Vorzüge.

012ms-dk

Im **Flachgau** sind das z. B. Seeham am Obertrumer See 12 und Fuschl am Fuschlsee 15, die weniger stark frequentiert sind als etwa die Orte rund um den Wolfgangsee 18.

Im oberösterreichischen Teil des **Salzkammerguts** empfehlen sich Seewalchen am Attersee 20, Bad Goisern 27 oder Gosau im Gosautal 29, deren Unterkünfte preisgünstiger sind als die der touristisch sehr gefragten Städte Gmunden 22, Bad Ischl 26 oder Hallstatt 28.

In der Region **Ausseerland und Schladming-Dachstein** gibt es keine ausgeprägten Preisdifferenzen und neben Bad Aussee 31 sind sowohl Altaussee 32, Bad Mitterndorf 34, Schladming 36 und Ramsau 37 als „Basislager“ geeignet.

Im **Tennengau** ist besonders Abtenau 42 ein gutes Standbein, während im **Pongau** neben dem Hauptort St. Johann 47 vor allem Filzmoos 53 und Flachau 50 Übernachtungsmöglichkeiten zu vernünftigen Preisen anbieten.

Im **Pinzgau** sind Kaprun 60 und Mittersill 62 ideal, aber auch Saalfelden am Steinernen Meer 66.

Wer den **Lungau** besucht, kann prinzipiell überall unterkommen, wenngleich Tamsweg 71 als größter Ort durch seine gute ÖPNV-Anbindung und das breite gastronomische Angebot heraussticht.

◁ *Edle Adresse in Zell am See 59: das mondäne Grand Hotel*

▷ *Historisch übernachten im Pinzgau: das Hotel Schloss Mittersill (s. S. 16)*

Angesichts der Vielzahl an Attraktionen ist es sinnvoll, sich für einen Ort zu entscheiden, in dem mit der entsprechenden **Gästekarte** (s. S. 130) bereits zahlreiche Sehenswürdigkeiten inbegriffen sind.

Und was ist mit der **Landeshauptstadt Salzburg** (s. S. 20)? Nun, die Nahverkehrsanbindung ist hervorragend, weshalb man problemlos vor allem in angrenzende Regionen wie das Seenland, den Tennengau oder den Pongau sowie zu den Saalachtaler Naturgewalten (s. S. 101) gelangt. Doch kostenmäßig ist Salzburg nur in der **Vor- und Nebensaison** empfehlenswert, denn in der Hauptsaison und insbesondere zu den **Salzburger Festspielen** (s. S. 32) sind die Preise für Hotelzimmer hier verhältnismäßig gesalzen.

015ms-dk

Die besondere Unterkunft

Die **Unterkunftsempfehlungen** in diesem Buch sind ausschließlich Adressen, die sich in irgendeiner Form vom „üblichen" Angebot abheben. Im Allgemeinen helfen die örtlichen **Tourismusverbände und -infobüros** bei der Suche nach einer Unterkunft (s. jeweils unter Infos und Reisetipps).

1 Alpengasthof Ammererhof €€-€€€, Kolmstr. 21, Rauris, Tel. 06544 8112, http://ammererhof.at. **Innere Ruhe auf 1630 m Höhe:** Eine große Auswahl an Zimmern – darunter solche mit Sternenblick, aber auch individuelle Berghütten gibt es hier im Raurisertal 58. Zur Wahl stehen außerdem Erholungs- und Wellnessprogramme von Yoga über Pilates bis zu Trailrunning, aber auch geführte Bergtouren.

2 Berghotel Rudolfshütte €€-€€€, Stubach 82, Uttendorf, Tel. 06563 8221, www.alpinzentrum-rudolfshuette.at. **Bergfeeling garantiert:** vielleicht baulich nicht gerade eine Augenweide, doch die Lage dieses Wellnesshotels unmittelbar am Weißsee in 2315 m Höhe ist nicht zu schlagen. Man erreicht das Haus per Seilbahn und hat zahlreiche Wanderrouten gleich vor der Tür.

3 Die Unterbergerln €€€, Unterberg 110, Dorfgastein, Tel. 06433 7077, www.dieunterbergerin.com. **Romantischer gehts kaum:** Hier kann man nicht nur klassische Ferienwohnungen oder Studios buchen, sondern auch außergewöhnliche Übernachtungsmöglichkeiten, etwa in einem gemütlich ausgebauten Heustadl oder im kitschigen Himmelbett inmitten eines Gartens unter den Sternen.

4 Frühstückspension Hanslmann €€-€€€, Unterroith 1, Steinbach am Attersee, Tel. 0664 2138358, www.hanslmann.at. **Nah am Wasser gebaut:** Außergewöhnliche Pension, äußerlich im rustikalen Alpenstil, aber mit fantastisch gestalteten Zimmern. Es gibt einen eigenen Seezugang, einen weitläufigen Garten, einen Hofladen und sogar eine hauseigene Alm.

016ms-sb

5 Hotel Gassner €€€, Hadergasse 167, Neukirchen, Tel. 06565 6232, www.hotel-gassner.at. **Baumhaus de luxe:** Zu diesem Wanderhotel mit einer Auswahl an Zimmern, Studios und Suiten gehört auch ein 147 m² großes, edel ausgestattetes Baumhaus, das man individuell mieten kann. Ideal, um inmitten der Baumkronen abzuschalten.

6 Hotel Schloss Mittersill €€€, Thalbach 1, Mittersill, Tel. 06562 20200, www.schloss-mittersill.com. **Den Glanz vergangener Zeiten erleben:** edles Hotel, das in einem Schloss untergebracht ist, dessen Ursprung auf das 12. Jh. zurückgeht. Die Einrichtung ist durchgehend antik und ausgesprochen komfortabel. Im exquisiten Restaurant werden primär lokale Produkte verarbeitet.

7 Hotel Villa Solitude €€, Kaiser-Franz-Josef-Str. 16, Bad Gastein, Tel. 06434 5101, https://villasolitude.com. **Schlafen wie ein Kaiser:** Die ehemalige Urlaubsvilla des Kaiserpaares Franz Joseph und Sisi ist heute ein charmantes Boutiquehotel mit nur neun Zimmern und Suiten, die alle im Originalstil der Belle Époque erstrahlen.

8 Hüttendorf Schlögelberger €€-€€€, Schlögelbergweg 4, St. Margarethen, Tel. 06476 313, www.schloegelberger.at. **Lungauer Naturerlebnis:** Dieser Berggasthof wurde 2021 komplett neu errichtet und umfasst ein umfangreiches Angebot an individuell gestalteten Zimmern, Apartments und Berghütten. Auf 1300 m Höhe ist man hier außerdem von der Natur und etlichen Tieren (u. a. Alpakas) umgeben, weshalb sich hier gerade Familien mit Kindern wohlfühlen. Mit Abenteuerspielplatz und Gokartbahn.

9 Naturhotel Edelweiss €€€, Weberlandl 65, Wagrain, Tel. 06413 8447, www.mein-edelweiss.at. **Alles ökologisch:** In diesem Vier-Sterne-Naturhotel legt man Wert auf Nachhaltigkeit und Umweltschutz, weshalb sämtliche Zimmer und Suiten vorrangig mit biologischen Materialien gefertigt wurden. Im Sommer sorgt ein Naturschwimmbiotop mit Bergquellwasser für Abkühlung.

10 Naturhotel Forsthofgut €€€, Hütten 2, Leogang, Tel. 06583 8561, www.forsthofgut.at. **Kraftplatz inmitten der Natur:** Die in Holz gehaltenen Zimmer, Suiten und Chalets sowie das Garten-Loft zeichnen sich durch ihr modernes Design aus. Im 5700 m² großen Wald-Spa widmet man sich Wellness und Erholung.

11 Naturhotel Hammerhof €€, Hammerweg 9, Filzmoos, Tel. 06453 8245, www.hammerhof.at. **Urlaub auf dem Bauernhof:** traumhaft gelegenes Naturhotel mit geschmackvollen Zimmern und Apartments. Hier fühlen sich v. a. Familien mit Kindern wohl, denn zum angeschlossenen Biobauernhof gehört auch eine Pferdezucht. Ausritte und Kutschenfahrten sind möglich.

Vielerorts gibt es sie noch, die alteingesessenen, ehrwürdigen Hotels

12 Schafbachalm €€-€€€, Schafbachstr. 32, Tiefbrunnau, Tel. 0664 1324511, www.schafbachalm.at. **Fernab der Zivilisation:** In diesem modernen, im traditionellen Stil erbauten Holzhaus auf einer herrlichen Alm in 1100 m Höhe zwischen dem Hinter- 17 und dem Wolfgangsee 18 gibt es Ferienwohnungen in verschiedenen Größen. Ideal für Naturfreunde und Familien mit Kindern, die Wert auf Ruhe und Abgeschiedenheit legen.

13 Schloss Fuschl €€€, Schlossstr. 19, Hof, Tel. 06229 22530, www.schlossfuschlsalzburg.at. **Lass dich verwöhnen:** Das ehemalige Jagdschloss am Fuschlsee 15 birgt heute ein Fünf-Sterne-Luxushotel. Neben 104 wundervollen Gästezimmern, Deluxe-Suiten und See-Chalets gibt es einen Golfplatz, ein Spa und ein eigenes Strandbad.

14 Schmiedgut €€-€€€, Schmiedgutstr. 20, Bad Aussee, Tel. 0676 4221662, https://schmiedgut-badaussee.at. **Feriendomizil in restaurierten Hofgebäuden:** Es ist eindrucksvoll, was Barbara und Bernhard Gröhs aus diesem ehemaligen Bauerngehöft gemacht haben. In teilweise renovierten Bauten gibt es hier sechs sehr unterschiedliche Wohnungen, in denen 2–12 Personen Platz finden. Und all das inmitten von Obstgärten und Wiesen samt Blick auf die imposante Bergwelt.

Wie die Region am besten erkunden?

Zwar mag das eigene **motorisierte Fahrzeug** die praktikabelste Art und Weise der Fortbewegung sein, doch gerade während der Hauptsaison stellen Pkw, Motorrad, Minivan, Camper oder Wohnwagen auch häufig eine Belastung dar. Staus, überlastete Passstraßen, überfüllte Park- und Campingplätze, teure Parkzonenverordnungen, Maut u. v. m. können einem dann schon mal den letzten Nerv rauben. Wer es ermöglichen kann, sollte am Urlaubsort daher lieber auf den **öffentlichen Nahverkehr** oder das **Fahrrad** (s. S. 111) umsteigen.

Grundsätzlich ist das öffentliche Verkehrsnetz zufriedenstellend. Praktisch überall im Salzburger Land und Salzkammergut gibt es **Zugverbindungen**, entweder von der Österreichischen Bundesbahn (ÖBB), der privaten Westbahn oder lokalen Betreibern. Speziell ab Salzburg verkehren auch **S-Bahnen.** Wie immer gilt: Frühes Buchen zahlt sich aus. Im

Nicht leicht: per Rad über die Großglockner-Hochalpenstraße (s. S. 91)

017ms-aw

019ms-dk

Rahmen der sog. **Sparschiene** gibt es Sonderangebote und Vergünstigungen für Familien und Gruppen. Sinnvolle **Apps** für Zugverbindungen sind **ÖBB Scotty** und **WESTbahn** (s. S. 131).

In einigen Unterregionen ist man auf **Busse** angewiesen, wobei die ÖBB-Tochter **Postbus** und die private **Dr.-Richard-Gruppe** die zwei großen Player darstellen. Die allermeisten relevanten Orte werden angefahren, doch unterscheiden sich die **Frequenzen** von Region zu Region teilweise recht stark. In touristisch erschlossenen Bergregionen verkehren auch sog. **Wanderbusse.** In allen Fällen kauft man die **Tickets** direkt beim Busfahrer oder bereits im Vorfeld online.

In zahlreichen Regionen werden von den Tourismusverbänden sog. **Gäste-** und **Sparkarten** angeboten, die in den allermeisten Fällen freie Fahrt mit den lokalen Buslinien erlauben (s. S. 130).

Im Hinblick auf die **Seilbahnen** gilt es zu beachten: Während die skipistenrelevanten Bahnen meist nur im Winter verkehren, beschränken sich die reinen Gipfelausflugsseilbahnen vielerorts auf die **Frühlings- und Sommermonate.**

- **Österreichische Bundesbahn (ÖBB):** www.oebb.at
- **Westbahn:** https://westbahn.at
- **Postbus:** www.postbus.at
- **Dr. Richard:** https://richard.at

⌃ *Flächendeckend praktisch: Busse verkehren auch zu entlegenen Zielen*

SALZBURGER LAND & SALZKAMMERGUT ENTDECKEN

020ms-lm

Salzburg (Stadt)

Alljährlich strömen Millionen von Touristen aus aller Welt in das verhältnismäßig kleine Salzburg – es zählt etwa 156.000 Einwohner. Ihre besondere Aura hat in erster Linie mit dem großen Sohn der Stadt, Wolfgang Amadeus Mozart (1756–1791), zu tun, denn Salzburg ist in den Augen vieler Besucher die bauliche Verkörperung klassischer Musik. Die Erwartungen an einen bilderbuchgleichen Ort werden dabei übrigens selten enttäuscht, denn Salzburg ist in der Tat ein Juwel.

Die an der Salzach liegende, sich an den Mönchsberg 9 schmiegende **Altstadt** mit ihrem historischen Bauensemble und dem verwinkelten Gassengewirr, über dem herrschaftlich die **Festung Hohensalzburg** 1 thront, in der Ferne die **Alpen als prächtige Kulisse** – das alles hat wahrlich etwas von einer fantastischen, in Stein und Stuck gefassten „Pralinenschachtel". Dass es freilich mit der Beschaulichkeit ein wenig hapert, ist praktisch nicht zu vermeiden, denn Salzburg ist zu beinahe jeder Jahreszeit überlaufen. Doch wer sich darauf einstellt und einen Besuch der Sehenswürdigkeiten entsprechend plant, der kann in der Stadt trotz allem eine großartige Zeit verbringen, nicht zuletzt wegen ihres ausgezeichneten Angebotes an **Shopping- und Gastro-Freuden.** Zwar reicht grundsätzlich ein Tag aus, um Salzburg im Groben kennenzulernen, wer jedoch mehr Zeit mitbringt, wird erstaunt sein, wie viel die Mozartstadt auch jenseits der **Getreidegasse mit Mozarts Geburtshaus** 6 und dem frühbarocken **Dom** 3 zu bieten hat.

Vorseite: Auf Du und Du mit der Natur am Spiegelsee (s. S. 69)

Sehenswertes in der Innenstadt

1 Festung Hohensalzburg ★★★ [S. 144]

Von praktisch überall in der unteren Altstadt erkennt man den majestätischen Festungskomplex, der in 540 m Höhe wie eine Krone auf dem Haupt Salzburgs liegt.

Die **Anfänge** der riesigen Festungsanlage gehen auf das 11. Jh. zurück. Die geistlichen Herrscher nutzten sie damals als ihren Hauptsitz. Seitdem hat die Festung die Stadt beschützt, denn eingenommen wurde sie nie und belagert nur ein einziges Mal, und zwar während der Bauernkriege 1525–1526. Mit einer **Fläche** von 30.000 m² ist sie eine der größten Burganlagen Europas und wegen ihres **atemberaubenden Blicks** über die Stadt – v. a. von den **Aussichtsplattformen** an der Nordseite – sollte sie unbedingt zu einem Besuch der Mozartstadt gehören.

Man erreicht die Burg wahlweise **zu Fuß** über die **Festungsstiege** oder – weniger schweißtreibend – mit der **Festungsbahn**, deren Talstation in der Festungsgasse liegt.

Heute präsentiert sich die Festung v. a. im Stil des 15. und 16. Jh. Sie verfügt über **sechs Basteien** und **17 Türme**, von denen der Reck- und Glockenturm gleich im Eingangsbereich zu sehen sind. Im inneren Burghof befindet sich der **Palas** (auch Hoher Stock genannt), das Hauptgebäude also, in dem das **Festungsmuseum** über die Geschichte von Burg und Stadt informiert. Auch die Gemächer der Erzbischöfe und das berühmte, holzvertäfelte **Fürstenzimmer** lassen sich besichtigen, wobei man hier im Rahmen einer multimedialen Ausstellung und im sog. **Magischen Theater** Aufschlussreiches über das Leben der einstigen Herrscher und ihrer Untertanen erfährt. Interessant ist zudem das **Erzherzog-Rainer-Regimentsmuseum** in dem Trakt, in dem einst Wolf Dietrich von Raitenau (s. S. 22) eingekerkert war. Der Feuergang der Festung beherbergt außerdem das **Erlebnismuseum „Welt der Marionetten"**, in dem historische Theaterpuppen zu sehen sind.

› Mönchsberg 34, Tel. 0662 84243011, www.salzburg-burgen.at, Mai–Sept. 8.30–20, Jan.–April u. Okt.–Dez. tägl. 9.30–17 Uhr, Eintritt: ab 10,80 € (inkl. Museen, aber ohne Fürstenzimmer), erm. ab 4,40 €, Familien ab 26 €
› **Festungsbahn:** www.festungsbahn.at, tägl. 8.30–20.30 Uhr, 3,30 €, erm. 1,60 €

2 Kapitelplatz ★ [S. 144]

Unterhalb der Festung Hohensalzburg 1 erstreckt sich der stattliche Kapitelplatz, auf dem zunächst der barocke **Brunnen** – die **Kapitelschwemme** – aus dem 17. Jh. auffällt. Außerdem steht hier die **„Sphaera"** genannte Skulptur in Form einer goldenen Kugel (bestehend aus Kunststoff und Glasfaser), die stolze zwei Tonnen wiegt und auf der ein bronzener Mann mit weißem Hemd und dunkler Hose aufrecht stehend in die Ferne blickt.

An der Westseite des Platzes steht das **Stift St. Peter**, ein bereits im 7. Jh. gegründetes Kloster, in dem heute noch Mönche leben. Das Stift ist besonders wegen seiner rund 100.000 Bände zählenden Bibliothek und der zum Museumskomplex **DomQuartier** (s. S. 23) gehörenden Sammlung von Kunstschätzen einen Besuch wert, erfreut sich aber auch aufgrund des einladenden **Klosterladens** großer Beliebtheit. Bekannt ist ferner der idyllische **Petersfriedhof** mit seinen Gruftarkaden, auf dem viele berühmte und einflussreiche Salzburger Familien begraben liegen, beispielsweise die **Schwester Mozarts.**

› **Stift St. Peter,** St.-Peter-Bezirk 1, www.stift-stpeter.at, Mo–Fr 8–12 u. 12.30–18.30 Uhr

Moderne Kunst vor historischer Kulisse: der Kapitelplatz in Salzburg

021ms-dk

022ms-sb

3 Dom und Domplatz ★★ [S. 144]

Der Salzburger Dom ist die Kathedrale der Erzdiözese Salzburg und damit Metropolitankirche der hiesigen Kirchenprovinz. Das Gotteshaus mit seinen zwei je 81 m hohen **Türmen,** die die repräsentative **Westfassade** einrahmen, ist dem hl. Rupert und dem hl. Virgil geweiht.

Der bis zu 10.000 Menschen fassende **Innenraum** ist mit reichlich Gold, prächtigen Malereien und Stuck verziert. Immerhin wollte sein Auftraggeber, **Fürsterzbischof Wolf Dietrich von Raitenau** (1559–1617), nicht nur sich selbst ein Denkmal setzen, sondern auch „seiner" Stadt seinen Stempel aufdrücken. Raitenau prägte wie kein anderer das barocke Gesicht Salzburgs, galt aber auch als Tyrann, der mit eiserner Gewalt herrschte. Nicht verpassen sollte man das bronzene Taufbecken (in dem schon Mozart getauft wurde), die riesige Orgel und die prunkvollen Domtore. Im Dom sind die **Grabmäler der Erzbischöfe** zu sehen, auch die romanische **Hallenkrypta** ist begehbar.

Aus jeder Perspektive imposant: der stattliche Salzburger Dom

Wissenswertes zur Geschichte des Doms und seiner Vorgängerbauten erfährt man im **Domgrabungsmuseum** unter dem Domplatz.

Bemerkenswert ist auch die Lage des gewaltigen Gotteshauses auf dem großen **Residenzplatz** im Zentrum der Altstadt – und so stellt die Kirche eine der Kulissen der alljährlichen „Jedermann"-Aufführungen während der **Salzburger Festspiele** (s. S. 32) dar. Auf dem Platz steht der 14 m hohe barocke **Residenzbrunnen.**

Nordwestlich des Doms befindet sich die ehemalige **Erzbischöfliche Residenz,** seit 1120 Sitz der Salzburger Fürsterzbischöfe. Dieser auch **Alte Residenz** genannte Bau wurde im 17. und 18. Jh. umgestaltet und umfasst stattliche 15 Prunkräume und 180 Zimmer. Zusammen mit der Erzabtei St. Peter beherbergt die Residenz heute den Museumskomplex **DomQuartier.** Im Rahmen eines Rundgangs kann man den gewaltigen Carabinieri-Saal, den Audienzsaal oder den Rittersaal, aber auch die wertvollen **Gemäldesammlungen** in der Langen Galerie und der Residenzgalerie bestaunen. Zugänglich ist zudem der Hof **Dietrichsruh** mit der Marmorskulptur „Awilda“ des katalanischen Künstlers Jaume Plensa.

- **Salzburger Dom,** Domplatz 1a, Tel. 0662 80471800 (für Führungen), www.salzburger-dom.at, Mo–Sa 9–11.40 und 12.30–18, So 13–18 Uhr, Eintritt: 5 € (Jugendliche bis 18 Jahre frei).
- **Domgrabungsmuseum,** Residenzplatz/Dombögen, Tel. 0662 620808723, www.salzburgmuseum.at/domgrabungsmuseum, **derzeit geschlossen,** Führungen auf Anfrage
- **DomQuartier,** Residenzplatz 1/Domplatz 1a, Tel. 0662 80422109, www.domquartier.at, Mi–Mo 10–17, Dez. auch Di 10–17 Uhr, Eintritt: ab 10 €, erm. ab 8 €

4 Neue Residenz mit Salzburg Museum ★★ [S. 144]

Nordöstlich des Residenzplatzes schließt sich der **Mozartplatz** an, auf dem das 1842 eingeweihte bronzene **Denkmal** für den berühmtesten Sohn der Stadt steht. Nördlich des Platzes führt der Mozartsteg gen Norden über die Salzach. Hier lagen einst die Stadtmauer und das Michaeltor.

Vom Mozartplatz gelangt man in die **Neue Residenz**, die zwischen 1588 und 1610 im Auftrag des Fürsterzbischofs von Raitenau erbaut wurde. Heute ist das Anwesen Teil des **Salzburg Museums** mit Ausstellungen zur Stadtgeschichte und auch der **Shop des Salzburger Heimatwerks** (s. S. 31) ist dort untergebracht.

Vom Salzburg Museum erreicht man über die Panorama-Passage das **Panorama Museum**, in dem weitere Relikte und Dokumente zur Entwicklung der Stadt seit der römischen Epoche zu sehen sind.

Zur Neuen Residenz gehört ferner ein Turm, in dem sich das **Salzburger Glockenspiel** befindet, ein historisches Schlagwerk, bestehend aus 35 Glocken, die über Walzen gut 100 verschiedene Melodien spielen können. Das Glockenspiel erklingt täglich um 7.04, 11.04 und 18.04 Uhr. Gegenüber der Neuen Residenz ist in dem lang gezogenen zweistöckigen **Imhofstöckl** u. a. die **Tourist Info** (s. S. 32) beheimatet.

- **Salzburg Museum,** Mozartplatz 1, Tel. 0662 620808700, www.salzburgmuseum.at, Di–So 9–17 Uhr, Eintritt: 9 €, erm. 4 €, Kombiticket mit Panorama Museum 10/4,50 €
- **Panorama Museum,** Residenzplatz 9, Tel. 0662 620808730, www.salzburgmuseum.at/panoramamuseum, tägl. 9–17 Uhr, Eintritt: 4,50 €, erm. 2 €

5 Alter Markt ★★ [S. 144]

Traditionell teilt man Salzburg in die zuvor beschriebene **Residenzstadt** und die nördlich gelegene **Bürgerstadt.** Das Zentrum dieser einst nicht von klerikalen und adligen Salzburgern, sondern von „normalen“ Bürgern bewohnten Gegend ist der Alte Markt, der bereits 1240 angelegt

023ms-sb

Das nächste Café ist in Salzburg nie weit, wie hier auf dem Alten Markt

024ms-dk

Edle Einkaufsmeile: ein Spaziergang durch die Getreidegasse ist Pflicht

wurde und bis ins ausgehende 19. Jh. tatsächlich als Marktplatz diente. Erst später wurde das Handelsgeschehen auf den Universitätsplatz 7 verlegt, wo es auch heute noch stattfindet.

Auf dem Alten Markt stehen **prächtige Bürgerhäuser**, deren Fassaden im Stil von Barock und Klassizismus gestaltet sind. Highlights sind hier das traditionsreiche **Café Tomaselli** (s. S. 30) mit gemütlicher Balkonterrasse, das bereits seit 1705 besteht, das **Schmale Haus** daneben (es misst nur 1,42 m in der Breite!), das schräg gegenüber angesiedelte **Café Fürst** (s. S. 30) und der hübsche **Floriani-Brunnen** aus dem 15. Jh., auf dem der hl. Florian thront, der Schutzheilige gegen Feuer.

Nördlich des Alten Marktes schließt sich der **Rathausplatz** an, auf dem das wunderschöne **Alte Rathaus** mit seiner bezaubernden Rokokofassade Blickfang ist.

6 Getreidegasse mit Mozarts Geburtshaus ★★★ [S. 144]

Ob als Kulisse für entspanntes Flanieren oder als noble Einkaufsmeile: Die anmutige, von vornehmen Bürgerhäusern gesäumte Getreidegasse ist ein absolutes Muss für alle Salzburg-Besucher.

Zwar ist die mit alteingesessenen Läden und Lokalen, aber zunehmend auch mit internationalen Modeketten und Fastfood-Restaurants gespickte Gasse nicht einmal 300 m lang, doch weil hier das **Geburtshaus Mozarts** steht, ist sie für die allermeisten Gäste die erste Adresse. Rund 500.000 Eintrittskarten verkauft das Mozarthaus jährlich, was es zu einer der meistbesuchten Sehenswürdigkeiten Salzburgs macht. Hier lässt sich eine Ausstellung zu **Mozarts Leben** (s. rechts) besichtigen; ein Besuch nimmt rund eine Stunde in Anspruch.

Die Getreidegasse beginnt im Osten am Rathausplatz und heißt hier zunächst Kranzlmarkt. Sie verläuft westwärts bis zum **Bürgerspitalplatz** und ist gesäumt von barocken Häusern samt kunstvollen Portalen und verzierten Schildern.

Auf dem Bürgerspitalplatz präsentiert das **Spielzeug Museum** im Bau des ehemaligen Bürgerspitals die größte historische Spielzeugsammlung Österreichs.

› **Mozarts Geburtshaus,** Getreidegasse 9, Tel. 0662 844313, www.mozarteum.at, tägl. 9–17.30 Uhr, Eintritt: 12 €, erm. 4 €

M 15 [S. 144] **Spielzeug Museum**, Bürgerspitalgasse 2, Tel. 0662 620808300, www.spielzeugmuseum.at, Di–So 9–17 Uhr, Eintritt: 5 €, erm. 2 €

Ein Hoch auf einen Superstar! – Wolfgang Amadeus Mozart (1756–1791)

Am 27. Januar 1756 erblickte Wolfgang Amadeus Mozart im Hagenauer Haus 6 in der Getreidegasse 9 das Licht der Welt. Seine Eltern, der Hochfürstliche Salzburgische Kammermusiker Leopold Mozart und Anna Maria Pertl, hatten noch sechs weitere Kinder, von denen neben dem kleinen „Wolferl" aber nur seine ältere Schwester Maria Anna, genannt „Nannerl", überlebte. Als schnell klar wurde, dass beide Kinder außergewöhnliches musikalisches Talent besaßen, stellte der Vater seine eigene Karriere zurück und kümmerte sich um die Förderung seiner Zöglinge. Bereits ab 1762 organisierte der ehrgeizige Leopold Konzerte an den Fürstenhöfen Europas und so ging Wolfgang Amadeus mit gerade einmal sechs Jahren auf Tournee durch Deutschland, Belgien, Frankreich, England und Italien. Als Jugendlicher nahm er dann eine Stelle als Konzertmeister der Salzburger Hofmusik an. Im Herbst 1773 bezog die Familie das Wohnhaus am heutigen Makartplatz 8 (s. S. 28).

Unter Fürsterzbischof Hieronymus Graf Colloredo war Mozart ab 1779 als Hoforganist tätig, doch nach der Uraufführung des „Idomeneo" 1781 in München folgte der Bruch mit seinem Arbeitgeber. Mozart ging nach Wien, wo er sich als freischaffender Künstler, Opernkomponist und Klavierlehrer versuchte. In der Hauptstadt hatte er seine erfolgreichste Schaffensphase, wenngleich er fast ständig unter Geldnot litt. Im August 1782 heiratete er gegen den Willen seines Vaters Constanze Weber, mit der er sechs Kinder haben sollte, von denen aber nur zwei das Kindesalter überlebten. Bis 1791 folgten zahlreiche Uraufführungen v. a. seiner Opern, die große Erfolge wurden.

Am 5. Dezember desselben Jahres starb Mozart überraschend im Alter von gerade einmal 35 Jahren in Wien an „hitzigem Frieselfieber". Doch seine mehr als 600 Werke werden alle Zeiten überdauern, darunter Kirchenmessen, Kantaten, Sonaten, Orchesterwerke, Sinfonien, Klavier- und Violinkonzerte, Kammermusik, Lieder u. v. m. Besonders berühmt ist der Komponist für seine insgesamt 21 Opern, zu denen „Die Entführung aus dem Serail", „Le nozze di Figaro", „Don Giovanni", „Così fan tutte" und natürlich „Die Zauberflöte" zählen.

Kurzum: Mozart war ein wahrer Superstar seiner Zeit oder wie Austropopper Falco es 1985 so treffend formulierte: „Come and rock me, Amadeus!"

026ms-sb

Wo alles begann: das Geburtshaus des kleinen „Wolferl"

MEIN TIPP

Bosna, der Salzburger Kultsnack

Unweit von Mozarts Geburtshaus 6 gibt es beim unscheinbaren **Balkan Grill** in einem **Durchhaus** die grandiose **Bosna,** eine in ein aufgeschnittenes Weißbrot gelegte und mit Senf, gehackter Petersilie, Gewürzen und Zwiebeln verfeinerte, pikante Bratwurst, die an einen Hotdog erinnert.

16 [S. 144] **Balkan Grill** €, Getreidegasse 33, Tel. 0662 661835, www.hanswalter.at (unter „Bosnastand")

7 Universitätsplatz ★ [S. 144]

Gleich mehrere **Durchhäuser,** also Häuser mit Fußgängerdurchgängen, führen von der Getreidegasse 6 auf den lang gezogenen Universitätsplatz, an dessen Südseite die im 17. Jh. von Fürsterzbischof Paris Graf von Lodron ins Leben gerufene **Alte Universität** steht. Die hiesigen Gebäude sind bis heute Teil der Universität Salzburg und beinhalten die Katholisch-Theologische Fakultät und die Universitätsbibliothek.

Sehenswert auf dem Platz ist aber v. a. die an der Ecke zur Wiener-Philharmoniker-Gasse gelegene **Kollegienkirche** mit ihrer konvexen Fassade und dem in Weiß gehaltenen, lichtdurchfluteten Inneren, die als Meisterwerk des berühmten Barock-Baumeisters **Johann Bernhard Fischer von Erlach** (1656–1723) gilt.

Von Montag bis Samstag (jeweils 6–18 Uhr) findet auf dem Universitätsplatz der **Grünmarkt** statt, wobei samstags auch Bauern aus dem näheren Umland ihre Waren hier feilbieten.

› **Kollegienkirche,** Universitätsplatz 20, Tel. 0662 84132775, www.kollegienkirche.at, tägl. 10–19 Uhr, Eintritt frei

8 Festspielbezirk ★★ [S. 144]

Folgt man der Wiener-Philharmoniker-Gasse nach Süden, erreicht man den Max-Reinhardt-Platz. Hier und entlang seiner Verlängerung, der breiten Hofstallgasse, erstreckt sich der Festspielbezirk. Als Hauptveranstaltungsort der alljährlich stattfindenden **Salzburger Festspiele** (s. S. 32) umfasst dieser einen größeren Gebäudekomplex, bestehend aus **Felsenreitschule, Haus für Mozart** und **Großem Festspielhaus,** die allesamt an der Südwestflanke zu Füßen des Mönchsbergs 9 stehen. Wer nicht ohnehin zu einer Veranstaltung der Festspiele anreist, kann das Bauensemble im Rahmen einer **geführten Tour** besichtigen, wobei speziell das für knapp 2200 Zuschauer konzipierte Große Festspielhaus mit dem repräsentativen Foyer, aber auch der Karl-Böhm-Saal, die Panoramabühne und die großräumige Tribüne Eindruck hinterlassen.

Im Nordwesten endet die Hofstallgasse auf dem Herbert-von-Karajan-Platz, wo sich die markante **Marstallschwemme,** auch bekannt als **Pferdeschwemme,** mit der Skulptur des Rossebändigers bewundern lässt. Von hier aus führt die Straße über das **Sigmundstor** (auch Neutor genannt) auf einer Länge von 131 m durch den Mönchsberg hindurch.

› **Führungen:** www.salzburgerfestspiele.at/fuehrungen, Preis 7 €, erm. 4 €

9 Mönchsberg ★★ [S. 144]

Salzburg aus der Vogelperspektive inklusive einer ordentlichen Portion Sauerstoff? Von hier oben kein Problem: Südwestlich der Altstadt verläuft der 508 m hohe Mönchsberg, ein etwa 1700 m langes Plateau, das teilweise von Wald und Wiesen bewachsen ist.

Zahlreiche Wehranlagen und Türme wie die größtenteils erhaltene Bürgerwehr erinnern an jene Zeiten, als Salzburg noch durch einen durchgehenden Verteidigungswall vor Eindringlingen geschützt wurde. Viele Wege führen über den nach den Mönchen des Benediktinerklosters St. Peter benannten Berg, den man entweder über die **Clemens-Holzmeister-Stiege im Toscaninihof** (beim Festspielhaus, 122 Stufen) oder mit dem **Mönchsbergaufzug** (in nur einer halben Minute!) erreicht.

Die allermeisten Besucher kommen wegen des **Museums der Moderne (MdM)** auf den Mönchsberg. Es ist in einem zeitgenössischen Bau samt großartigem Außengelände angesiedelt und widmet sich ganz der Kunst des 20. und 21. Jh. Dabei werden neben der Stammsammlung auch Wechselausstellungen gezeigt. In der Altstadt hat das Museum im **Rupertinum** (Wiener-Philharmoniker-Gasse 9) weitere Räume, in denen u. a. die **Österreichische Fotogalerie** ihre Arbeiten präsentiert.

- •17 [S. 144] **Mönchsbergaufzug,** Gstättengasse 13, www.5schaetze.at/de/moenchsbergaufzug.html, Mo 8–19, Di–So 8–21 Uhr, ab 2,80 €, erm. ab 1,30 €
- 18 [S. 144] **Museum der Moderne (MdM),** Mönchsberg 32, Tel. 0662 842220, www.museumdermoderne.at, Di–So 10–18, Mi bis 20 Uhr (während der Festspiele auch Mo 10–18 Uhr), Eintritt: ab 13 €, erm. ab 8 €

10 Schloss Mirabell mit Mirabellgarten ★★ [S. 144]

Keine Frage, das touristische Herz Salzburgs schlägt südlich der Salzach, doch auch am nördlichen Ufer gibt es einiges zu sehen und zu erleben. Auch hier lebten die Mozarts eine Zeit lang und Fürsterzbischof von Raitenau hinterließ seine Spuren. Wer dem Tohuwabohu entfliehen möchte, der findet im Mirabellgarten und auf dem Kapuzinerberg zwei herrliche Flecken.

Von der Kai genannten **Uferpromenade** führen in der Innenstadt von Westen nach Osten der Makartsteg, die Staatsbrücke und der Mozartsteg über die Salzach in den **Mirabellbezirk.** Hier ist zunächst das **Wohnhaus der Familie Mozart** – sie zogen 1773 aus der Getreidegasse 6 ans rechte

Im Mirabellgarten lustwandelten einst die Fürsterzbischöfe

027ms-dk

Ufer – auf dem Makartplatz sehenswert, in dem sich ein interessantes Film- und Tonmuseum zur Familiengeschichte befindet.

Nördlich des Platzes steht das märchenhafte, wenn auch von seinen Ausmaßen her vergleichsweise bescheidene **Schloss Mirabell**, dessen Vorgängerbau Schloss Altenau Wolf Dietrich von Raitenau 1606 für seine Geliebte Salome Alt und die gemeinsamen Kinder erbauen ließ. Heute ist hier der **Amtssitz des Bürgermeisters** samt Stadtverwaltung untergebracht. Entsprechend sind nur wenige Teile des Schlosses – wie der **Marmorsaal** mit der angeschlossenen **Engelstreppe** und die **Schlosskapelle St. Nepomuk** – öffentlich zugänglich. Dafür lässt sich der prächtige frühbarocke **Mirabellgarten** besuchen.

Etwas weiter östlich verläuft die **Linzer Gasse**, die als „Hauptschlagader“ des Stadtviertels nördlich der Salzach bezeichnet werden kann. Neben ansehnlichen Bürgerhäusern und einer Vielzahl von netten Geschäften und Restaurants ist hier speziell die **St. Sebastiankirche** mit dem angeschlossenen **Friedhof** sehenswert – auf Letzterem befinden sich die Grabstätten einiger Familienmitglieder der Mozarts.

Am südlichen Ende der Linzer Gasse, unmittelbar am Fuße des Kapuzinerbergs, verläuft die **Steingasse** mit ihren Bars und Lokalen.

Der **Kapuzinerberg** ist das nördliche Pendant zum Mönchsberg 9 und bietet ebenfalls reizvolle Spazierwege (z. B. den Basteiweg) und einen Naturlehrpfad. Abgesehen vom Gipfel mit einer Höhe von 638 m gibt es weitere lohnende **Aussichtspunkte**, etwa beim schlichten, namensgebenden **Kapuzinerkloster** oder beim **Franziskischlössl**, das als Wehrbau diente.

Man erreicht das Bergplateau wahlweise über die **Imbergstiege** oder den **Stefan-Zweig-Weg.** Letzterer erinnert an den berühmten Schriftsteller, der in den Jahren 1919–1934 hier oben im **Paschingerschlössl** (nicht zugänglich) lebte, bevor er ins Exil nach England und später nach Brasilien ging.

› **Schloss Mirabell und Mirabellgarten,** Mirabellplatz 3, Tel. 0662 80720, Schloss tägl. 8–18 Uhr, Mirabellgarten tägl. 6 Uhr bis Einbruch der Dunkelheit, Eintritt frei

19 [S. 144] **Mozart-Wohnhaus,** Makartplatz 8, Tel. 0662 87422740, www.mozarteum.at, tägl. 9–17.30 Uhr, Eintritt: 12 €, erm. 10 €

20 [S. 144] **St. Sebastiankirche,** Linzer Gasse 41, Tel. 0662 875208, www.sankt-sebastian.at, tägl. 9–18 Uhr, Eintritt frei

Der Mirabellgarten bietet so manches künstlerische Highlight

Sehenswertes außerhalb der Innenstadt

Ganz im Westen Salzburgs liegt zunächst die **Brauerei Stiegl**, Österreichs größte Privatbrauerei, die unter dem Motto „Stiegl Brauwelt" auf eine museale Entdeckungsreise zum Thema Bier einlädt. Zur Brauerei gehören auch ein Restaurant, ein Bräustüberl und ein Biergarten.

Noch etwas weiter westlich, gegenüber dem Salzburger Flughafen, liegt der **Red Bull Hangar-7** [H3], in dem man die eindrucksvolle Flugzeug- und Autosammlung des Red-Bull-Begründers Dietrich Mateschitz (1944–2022) besichtigen kann. Schon das Gebäude mit seiner Glas-Stahl-Konstruktion ist faszinierend, außerdem wird hier auch in kulinarischer Hinsicht Großartiges geboten.

Bemerkenswerte Technik aus einer ganz anderen Epoche entdeckt man auf dem Areal von **Schloss Hellbrunn** [H4] im Süden der Stadt. Im Schloss, 1613–19 unter Fürsterzbischof Markus Sittikus im Stil des Manierismus erbaut, sollte man sich unbedingt den wundervollen Festsaal ansehen. Den Höhepunkt stellt aber der ausgedehnte **Schlosspark** dar, in dessen Lustgarten sich die beeindruckenden **Wasserspiele** befinden, die allerdings nur im Rahmen einer Führung zu erleben sind. Ganz plötzlich und unerwartet schießen hier Fontänen aus Statuen, Böden und Wänden und im Inneren von Grotten hervor und belustigen Besucher heute noch genauso wie vor 400 Jahren.

Teil des historischen Schlossparks ist auch der auf einem 14 ha großen Areal angelegte **Zoo Salzburg**, in dem über 150 Tierarten beheimatet sind.

21 Stiegl Brauwelt, Bräuhausstr. 9, Tel. 050 14921492, www.brauwelt.at, Museum und Brauereishop Mai–Okt. tägl. 10–20, sonst tägl. 10–18.30 Uhr, Eintritt: ab 12,90 €, erm. 9,50 €

22 Red Bull Hangar-7, Wilhelm-Spazier-Str. 7A, Tel. 0662 21970, www.hangar-7.com, Flugzeugmuseum tägl. 9–22 Uhr, Eintritt frei

★**23 Schloss Hellbrunn**, Fürstenweg 37, Tel. 0662 8203720, www.hellbrunn.at, Juli/Aug. tägl. 9.30–19, Mai, Juni u. Sept. tägl. 9.30–18.30, April, Okt. u. Nov. tägl. 9.30–17 Uhr, Eintritt: 13,50 €, erm. 6 €

★**24 Zoo Salzburg**, Hellbrunner Str. 60, Anif, Tel. 0662 8201760, https://salzburg-zoo.at, Juli/Aug. tägl. 9–18.30, April–Juni u. Sept. tägl. 9–18, März u. Okt. tägl. 9–17.30, Jan., Feb., Nov., Dez. tägl. 9–16.30, Eintritt: 12,50 €, erm. 8 €

„Vergnügungspark" aus dem 17. Jh.: das Areal von Schloss Hellbrunn

029ms-sb

Weitere Erlebnisse in Salzburg

Gastronomie

25 Augustiner Bräu €-€€, Lindhofstr. 7, Tel. 0662 431246, www.augustinerbier.at. Legendäres Lokal mit Biergarten (Selbstbedienung) und urigen Bierhallen, etwas außerhalb der Stadt gelegen.

26 [S. 144] **Café Bazar,** Schwarzstr. 3, Tel. 0662 874278, www.cafe-bazar.at. Kaffeehaus nach Alt-Wiener Art am nördlichen Salzachufer, besonders beliebt bei den Einheimischen.

27 [S. 144] **Café Fürst,** Brodgasse 13, Tel. 0662 843759, www.fuerst.cc. Café und Konditorei: Nach altem Originalrezept entstehen hier seit 1884 die berühmten Mozartkugeln.

28 [S. 144] **Café Tomaselli,** Alter Markt 9, Tel. 0662 8444880, https://tomaselli.at. Das älteste Kaffeehaus der Stadt mit großem Balkon und Sommerterrasse.

29 Die Weisse €-€€, Rupertgasse 10, Tel. 0662 872246, www.dieweisse.at. Österreichs älteste Weißbierbrauerei mit geselligem Biergarten.

30 [S. 144] **Goldener Hirsch** €€€, Getreidegasse 37, Tel. 0662 8084861, www.restaurantgoldenerhirsch.at. Alteingesessenes Spitzenrestaurant mit traditioneller Küche. Nicht billig und meist voll, aber immer gut.

31 [S. 144] **Schatz Konditorei,** Getreidegasse 3, Tel. 0662 842792, https://schatz-konditorei.at. Traditionsreiche Konditorei mit reichem Angebot an Mehlspeisen, gelegen im Schatz-Durchhaus.

32 [S. 144] **Sternbräu** €-€€, Griesgasse 23, Tel. 0662 842140, www.sternbrau.com. Gastronomiekomplex im historischen Zentrum, der vier Lokale und zwei Gastgärten umfasst.

33 [S. 144] **Wirtshaus Elefant** €€, Sigmund-Haffner-Gasse 4, Tel. 0662 844020, www.wirtshauselefant.com. Regionale Spezialitäten in bester Qualität und die vielleicht grandiosesten Salzburger Nockerln der Stadt.

MEIN TIPP

Verschnaufpause im Johanneskeller

Im sog. Priesterhaus ist dieses Lokal im hippen, alternativen Stil zu Hause. Die typisch österreichischen Gerichte genießt man im gemütlichen Inneren oder im Arkadenhof.

34 [S. 144] **Johanneskeller** €€, Richard-Mayr-Gasse 1, Tel. 0662 265536

Immer gut für eine Erfrischung: das legendäre Café Tomaselli

Einkaufen

35 [S. 144] **Buchhandlung Höllrigl,** Sigmund-Haffner-Gasse 10, Tel. 0662 8411460, www.buchhandlung-frick.at/salzburg.php. Die älteste Buchhandlung Österreichs besteht schon seit 1594. Auf zwei Etagen gibt es eine große Auswahl, inkl. Fantasy und Comics im Keller.

36 [S. 144] **Ploom,** Ursulinenplatz 5, Tel. 0650 890597, www.ploom.at. Peppige Dirndl jenseits des Mainstreams.

37 [S. 144] **R. F. Azwanger,** Getreidegasse 15, Tel. 0662 842166119, www.azwanger.at. Kolonialwarenladen mit großer Auswahl an Wein, Spirituosen, Essig, Schokolade und weiteren Delikatessen.

38 [S. 144] **Salzburger Heimatwerk,** Residenzplatz 9, Tel. 0662 844110, www.salzburgerheimatwerk.at. Hier werden neben Trachten auch Handwerkskunst, Musik, Souvenirs u. v. m. verkauft.

39 [S. 144] **Zuckerlwerkstatt,** Wiener-Philharmoniker-Gasse 3, Tel. 0662 840505, www.zuckerlwerkstatt.at. Der Garten Eden für Fans von Bonbons, Drops, Lollis, Zuckerstangen, Gelees und weiteren süßen Verführungen.

Unterhaltung, Nachtleben

40 **ARGE Kultur,** Ulrike-Gschwandtner-Str. 5, Tel. 0662 848784, www.argekultur.at. Kulturzentrum mit Theateraufführungen, aber auch Tanz, Kabarett, Konzerte etc.

41 [S. 144] **Club G7,** Gstättengasse 7, Tel. 0664 2365465, www.clubg7.at. Einer der beliebtesten Clubs der Stadt hat Electro, Soul, Funk und vieles mehr im Programm.

42 [S. 144] **Darwin's,** Steingasse 1, www.darwins-salzburg.at. Tagsüber Café, abends eine angesagte Cocktailbar.

43 **Jazzit,** Elisabethstr. 11, Tel. 0662 883264, www.jazzit.at. Salzburgs erste Adresse, wenn es um Jazz geht. Neben Konzerten finden hier auch Jamsessions statt.

44 [S. 144] **Monkeys Café-Bar,** Imbergstr. 2A, www.monkeys-salzburg.at. Einladendes Lokal mit schönem Außenbereich direkt an der Salzach.

45 [S. 144] **Mozarteum,** Schwarzstr. 26, Tel. 0662 873154, www.mozarteum.at. Konzerte und Veranstaltungen breitester Couleur – natürlich mit Schwerpunkt auf den Werken Mozarts.

46 [S. 144] **Salzburger Landestheater,** Schwarzstr. 22, 0662871512222, www.salzburger-landestheater.at. Die erste Adresse der Stadt für Opern, Operetten und Schauspiel. Hier befinden sich auch die Kammerspiele.

Salzburgs Altstadt ist ein wahres Shopping-Eldorado

030ms-sb

KURZ & KNAPP

Sehen und gesehen werden – die Salzburger Festspiele

Die Salzburger Festspiele zählen zweifellos zu den weltweit bedeutendsten **Festivals der klassischen Musik und darstellenden Kunst.** 1920 fanden sie auf Initiative von Max Reinhardt (1873–1943), aber auch von Hugo von Hofmannsthal (1874–1929) und Richard Strauss (1864–1949) erstmals statt.

Jeden Sommer im **Juli und August** werden in Salzburg sechs Wochen lang Mozart- und Strauss-Aufführungen sowie ein abwechslungsreiches und hochkarätiges Schauspiel-, Opern- und Konzert-Programm mit durchschnittlich mehr als 200 Veranstaltungen gezeigt. Markenzeichen ist die Tragödie **„Jedermann" von Hugo von Hofmannsthal,** die stets auf dem Domplatz **3** aufgeführt wird.

Ein Besuch der Salzburger Festspiele ist fraglos ein Erlebnis der besonderen Art, doch bei über 250.000 Gästen – neben den üblichen Tagestouristen – ist die Stadt noch mal voller als gewöhnlich und die **Hotelpreise** schnellen in atemberaubende Höhen. Entsprechend sollte ein Besuch früh geplant werden, zumal die Tickets für die Veranstaltungen sehr begehrt und nicht gerade billig sind.

› **Infos:** www.salzburgerfestspiele.at

Infos und Reisetipps

Informationen

› **www.salzburg.info:** offizielle Internetpräsenz der Stadt mit Infos zu Attraktionen, Veranstaltungskalender, Restaurantführer, Buchung von Unterkünften etc.

i 47 [S. 144] **Tourist Info Salzburg,** Mozartplatz 5, Tel. 0662 88987330, www.salzburg.info/de/reiseinfos/tourist-info

An- und Abreise

Der **Hauptbahnhof Salzburg** befindet sich nördlich der Innenstadt. Von dort gelangt man mit den Obuslinien 1, 3, 5, 6 und 14 ins Zentrum. Zum Hauptbahnhof bestehen direkte **Zugverbindungen** aus vielen Städten in Deutschland (Salzburg liegt nicht einmal 10 km von der bayerischen Grenze entfernt), Österreich und der Schweiz.

Auch **Fernbusse** fahren den Ort an, diese halten an der **Lastenstraße** gegenüber dem Hauptbahnhof.

Der internationale **Flughafen Salzburg Airport W. A. Mozart** [G–H3] liegt westlich der Stadt lediglich vier Kilometer vom Zentrum entfernt und ist über die Innsbrucker Bundesstraße mit der Stadt verbunden. Am günstigsten gelangt man mit den **Buslinien 2 und 10** (Fahrzeit: 23 bzw. 15 Minuten, Ticket 2,20 €, erm. 1,50 €) ins Zentrum bzw. zum Hauptbahnhof. Eine **Fahrt mit dem Taxi** ins Zentrum kostet maximal 20 €.

Verkehrsmittel

Salzburg verfügt über ein **gut ausgebautes Nahverkehrsnetz,** bei dem vor allem **Autobus- und Obuslinien** (Oberleitungsbusse, auch als Trolleybusse bekannt) zum Einsatz kommen.

Tickets sollte man im Vorfeld an den Automaten oder online kaufen, da sie in den Bussen teurer sind. Ab dem Hauptbahnhof fahren außerdem **vier S-Bahn-Linien** in die Umgebung, und zwar auch über die deutsch-österreichische Grenze nach Bad Reichenhall, Berchtesgaden und Freilassing. Für Besucher interessante Optionen sind speziell die **Tageskarte** (4,50 €, erm. 3,10 €) und die **Salzburg Card** (s. S. 130).

› https://salzburg-verkehr.at

Flachgau mit Salzburger Seenland

Der äußerste Norden des Bundeslandes Salzburg besteht aus dem Flachgau und umfasst das Salzburger Becken, also das Gebiet, in dem die Salzach die Alpen verlässt und ins Alpenvorland fließt. Anders als sein Name vermuten lässt, ist der Flachgau nicht flach, sondern wird durch den Untersberg 38 südlich der Landeshauptstadt und im Osten durch kuppige, bewaldete Bergzonen geprägt. Nur die nördlichsten Gebiete haben infolge ihrer welligen, stark landwirtschaftlich genutzten Landschaft Alpenvorlandcharakter.

Die **meistbesuchte Gegend** der Region ist der an der Grenze zu Oberösterreich liegende Abschnitt, der zum Teil – zumindest im touristischen Sinne – zum Salzkammergut (s. S. 44) gerechnet wird und sich durch seine hohe Seendichte auszeichnet. Da sind zunächst der **Obertrumer See** 12 mitsamt dem **Grabensee** [H1] und dem **Mattsee** 13 im Norden – diese werden unter dem Namen **Trumer Seen** subsummiert. Weiter südlich folgen der große **Wallersee** 14 und der wundervolle **Fuschlsee** 15. Deutlich kleiner ist der **Hintersee** 17, während der **Wolfgangsee** 18 sicher zu den berühmtesten Gewässern Österreichs zählt. All diese Seen werden auch als **Salzburger Seenland** zusammengefasst und stellen aufgrund ihrer Nähe zur Hauptstadt deren natürliche Badelandschaft dar.

Wer diese Gegend besucht, hat speziell in der warmen Jahreszeit die Qual der Wahl, denn alle hiesigen Gewässer sind traumhaft. Besonders beliebt ist das Seenland bei Radfahrern, da es hier gleich mehrere ausgeschilderte **Erlebnisradwege** gibt, von denen einige auch grenzüberschreitend bis nach Bayern verlaufen.

› www.salzburger-seenland.at

Ideal zum Ausspannen: der bezaubernde Mattsee 13

031ms-dk

„Stille Nacht, heilige Nacht“ – ein Welthit aus dem Salzburger Land

In über 300 Sprachen, Dialekte und Mundarten übersetzt gilt es als eines der weltweit bekanntesten Weihnachtslieder überhaupt. Gemeint ist „Stille Nacht, heilige Nacht“, bzw. „Silent Night“ auf Englisch, „Douce nuit, sainte nuit“ auf Französisch oder „Qath'lo! MajQa“ auf Klingonisch. Doch wer weiß schon, dass der Ursprung des Liedes tief mit dem Bundesland Salzburg verbunden ist?

Es wurde am 24. Dezember 1818 in der Kirche St. Nikola in Oberndorf 11 – an ihrer Stelle steht heute die Stille-Nacht-Kapelle – uraufgeführt. Der Text stammt von dem Hilfspfarrer Joseph Mohr (1792–1848), die Melodie komponierte der Lehrer und Organist Franz Xaver Gruber (1787–1863). Bei der besagten Uraufführung zu Heiligabend waren es die beiden Herren höchstselbst – Mohr als Tenor und Gruber als Bariton –, die ihr Werk zum Besten gaben. Der Erfolg des in D-Dur überlieferten Liedes ließ nicht lange auf sich warten: Über einen bekannten Orgelmacher gelangte es ins Tiroler Zillertal, dessen Bevölkerung seit jeher für ihre lebendige Volksmusik bekannt ist. Die Zillertaler bereisten als fahrende Händler das gesamte k. u. k. Reich und verbreiteten damit auch ihre Kultur samt dem Liedgut.

032ms-dk

Angeblich wurde „Stille Nacht, heilige Nacht“ von Zillertalern bereits zehn Jahre nach der Uraufführung in Oberndorf auch in Deutschland, Großbritannien und Russland präsentiert und fand möglicherweise bereits 1822 sogar am Hofe des österreichischen Kaisers Franz II. und dem ebenfalls anwesenden russischen Zaren Alexander I. Gehör. Den entscheidenden Durchbruch erlebte das Lied jedoch in den 1830er-Jahren in Leipzig, wo es auch das erste Mal gedruckt wurde und danach seine Reise um die Welt fortsetzte.

Wer das Bundesland Salzburg bereist, findet gleich an mehreren Orten Zeugnisse der Geschichte des Liedes. Da ist zunächst die erwähnte Stille-Nacht-Gedächtniskapelle in Oberndorf, in dessen Museum sich reichlich Informationen zur Entstehung des Liedes finden. Auch im nahen Arnsdorf, knappe 4 km nördlich von Oberndorf, dreht sich viel um den „Gassenhauer“, denn Franz Xaver Gruber schrieb die berühmte Melodie der Überlieferung nach in der hiesigen alten Schule. Ebenso ist seine Wohnung noch originalgetreu erhalten und kann nach vorheriger Anfrage (Tel. 06274 7453) besucht werden. Ab 1833 war Gruber Chorleiter in Hallein 39 und wurde sogar dort bestattet, weshalb ein Museum an ihn erinnert, in dem die Originalgitarre von 1818 ausgestellt wird.

Wo das Lied erstmals erklang: die Stille-Nacht-Kapelle in Oberndorf

Daneben ist Wagrain 50 eng mit dem Thema Weihnachtstraditionen verbunden. Hier starb Joseph Mohr und ebenda lebte Karl Heinrich Waggerl (1897–1973), der durch seine Weihnachtsgeschichten berühmt wurde, aber als überzeugter Nationalsozialist höchst umstritten ist. Museen im Ort erinnern an beide Personen. Und im Lungau, genauer genommen in Mariapfarr 70, zeigt das Pfarr- und Wallfahrtsmuseum kostbare Ausstellungsstücke sowie eine Dokumentation über Leben und Wirken von Joseph Mohr.

› www.stillenacht.at

50 Stille-Nacht-Museum Oberndorf, Stille-Nacht-Platz 5, Tel. 06272 21660, www.stillenacht-oberndorf.at, Juli–Okt. Di–So 10–18, Mai/Juni Do–So 10–18, Anf. Jan.–April Fr–So 10–18, Nov.–Anf. Jan. tägl. 10–18 Uhr, Eintritt: 4,50 €, erm. 3 €

51 Stille-Nacht-Museum Arnsdorf, Stille-Nacht-Platz 1, Lamprechtshausen/Arndorf, Tel. 0664 1589400, https://stillenachtarnsdorf.at, Palmsonntag–1. Advent Sa/So 10–17 Uhr, Eintritt: 5 €, erm. 1 €

52 Stille-Nacht-Museum Hallein, Franz-Xaver-Gruber-Platz 1, Tel. 06245 8078330, www.keltenmuseum.at/stillenachtmuseum, tägl. 9–17 Uhr, Eintritt: 5 €, erm. 2,50 €

53 Stille-Nacht-Museum Wagrain, Museumsgasse 3, Tel. 06413 20169, https://stillenacht-wagrain.com, Ende Nov.–Karfreitag u. Himmelfahrt–Ende Okt. Di, Do, Fr 10–17, Eintritt: 8 €, erm. 6 €

54 Pfarr-, Wallfahrts- und Stille-Nacht-Museum Mariapfarr, Joseph-Mohr-Platz 1, Eingang über Pfarrstr. 19, Tel. 06473 8766, www.wallfahrtsmuseum.at, Juni–Sept. u. Dez.–Ostern Mo u. Do 14–17, im Dez. auch Sa 14–17, Okt. Do 14–17 Uhr, Eintritt: 5 €, erm. 3 €

11 Oberndorf ★ [G2]

Etwa 18 km nördlich von Salzburg, direkt am Ufer der **Salzach**, liegt Oberndorf, einst ein wichtiger Standort für den Salzhandel auf dem Fluss. Sehenswert ist die im Geiste des Jugendstils errichtete **Bogenbrücke**, die Oberndorf mit dem bayerischen Laufen verbindet. Über dem Ort thront die **Wallfahrtskirche Maria Bühel** mit ihren Zwillingszwiebeltürmen. Bekannt ist Oberndorf v. a. als Geburtsstätte des bekannten Weihnachtslieds **„Stille Nacht, heilige Nacht“** (s. links).

Der ca. 8 km nördlich von Oberndorf gelegene Ort **Bürmoos** ist in eine ausgedehnte **Moorlandschaft** gebettet, bestehend aus dem Bürmooser und dem Weidmooser Moor. Die beiden Feuchtgebiete lassen sich entlang von Themenwegen erwandern, hier erstreckt sich außerdem das **Vogelschutzgebiet Weidmoos.**

Etwa 14 km nordöstlich von Oberndorf, in **Dorfbeuern**, steht das markante **Benediktinerkloster Michaelbeuern.** Eindrucksvoll sind die Stiftskirche St. Michael mit dem prächtigen Hochaltar aus dem Jahr 1691, das reich ausgestattete Stiftsmuseum und die sagenhafte barocke Klosterbibliothek. In der angeschlossenen **Kellnerei** kann man sich stärken.

› www.stillenacht-oberndorf.at

› **Vogelschutzgebiet Weidmoos:** www.weidmoos.at

48 Abtei Michaelbeuern, Michaelbeuern 1, Dorfbeuern, Tel. 06274 8116, www.abtei-michaelbeuern.at, variierende Öffnungszeiten, Führung So 14 Uhr nach Vereinbarung

49 Kellnerei Michaelbeuern €-€€, Michaelbeuern 2, Tel. 0650 5206010, www.kellnerei-michaelbeuern.at. Uriges Lokal mit heimischen Spezialitäten und einem schattigen Gastgarten.

12 Obertrumer See ★ [H1]

Der nordöstliche Teil des Flachgaus wird durch das **Trumer Seenland** geprägt. Teile dieser Region bilden das **Naturschutzgebiet Trumerseen**, das fast 414 ha umfasst.

Mit einer Fläche von knapp 4,9 km² (bei einer maximalen Tiefe von 36 m) ist der Obertrumer See der größte der drei Trumer Seen. Er erfreut sich bei **Badenden** großer Beliebtheit, wobei man sich am besten in Seeham am Westufer ins kühle Nass begibt.

Seeham bildet den **Hauptort** mitsamt **Strandbad** und einem überschaubaren Angebot an meist familiengeführten Hotels und Pensionen. Auf der **Seebühne** werden jeden Sommer Konzerte und Theateraufführungen gezeigt. In der Umgebung finden sich ein **Hochseilpark** und ein spannender **Naturlehrpfad** im **Teufelsgraben.**

2022 wurde **Seeham** der EU-Titel **Bio-Hauptstadt** *(best organic city)* verliehen, denn in Sachen ökologisch-biologische Wertschöpfung ist der Ort vorbildlich.

033ms-dk

Am Südzipfel des Sees liegt **Obertrum** [H2], das mit rund 5000 Einwohnern der Hauptort der Umgebung ist. Auch hier lädt ein **Strandbad** zur Erfrischung ein. Für die „innere Abkühlung" bietet sich ein Besuch der **Privatbrauerei Trumer** im Ort an, die mit einem Braumuseum und Brauereishop aufwarten kann.

Erlebnisreiche **Schiffsrundfahrten** sind sowohl von Seeham als auch von Obertrum aus möglich (s. S. 37).

Der nördlich gelegene **Grabensee** ist mit einer Fläche von 1,3 km² weit kleiner als die beiden anderen Trumer Seen und als **Naturschutzgebiet** ausgewiesen, weshalb hier Surfen, Bootfahren u. Ä. verboten sind. Er liegt nördlich des Obertrumer Sees und ist von diesem durch eine Art Damm getrennt. Im oberösterreichischen **Perwang** stellt ein **Naturstrandbad** den einzigen öffentlichen Zugang zum See dar.

› www.seeham-info.at

› **Programm Seebühne:** www.seebuehneseeham.at

S55 Hochseilpark Seeham, Tobelmühlstr. 25, Tel. 6217 29029, www.hochseilpark.at/hochseilpark-seeham

› **Teufelsgraben:** www.teufelsgraben.at

★**56 Trumer Privatbrauerei,** Brauhausgasse 2, Obertrum, Tel. 06219 74110, www.trumer.at, Führungen (1½ Std., nach Voranmeldung) Juni–Sept. Di 16.30 Uhr, Eintritt: 10,50 €

57 Braugasthof Sigl €-€€, Dorfplatz 1, Obertrum, Tel. 06219 7700, www.braugasthof-sigl.at. Der zur Brauerei gehörende Gasthof lässt in Sachen Kost und Trank keine Wünsche offen. Besonders schön sitzt man im schattigen Gastgarten.

Imposant: die Obertrumer Pfarrkirche mit ihrem spätgotischen Turm

13 Mattsee ★★ [H1]

Der Mattsee ist das westlichste Gewässer des **Trumer Seenlandes** und hat eine Fläche von 3,6 km² sowie eine maximale Tiefe von 42 m.

Hauptort am See ist die ebenfalls **Mattsee** genannte Ortschaft, die auf einer **Landzunge** zwischen dem Mattsee und dem Obertrumer See 12 liegt und mit dem im 7. Jh. gegründeten **Kollegiatstift** eines der ältesten Klöster Österreichs beheimatet. Die **Stiftskirche St. Michael** ist auch die Pfarrkirche des Ortes und aufgrund ihrer Bildhauerarbeiten einen Blick wert. Im Kloster kann man den ehemaligen Wohnsitz des Propstes besuchen; hier ist das **Stiftsmuseum** untergebracht. Interessant sind ferner die Stiftsbibliothek und der Weinkeller.

Im Ort gibt es ein **historisches Strandbad**, außerdem eine Segelschule und einen Elektrobootsverleih (Boote mit Benzinmotoren sind verboten). Besonders empfehlenswert ist eine **Zweiseentour per Schiff** (s. rechts).

Autofans zieht es vielleicht in die **Ferdinand-Porsche-Erlebniswelten**, in denen die technischen Errungenschaften des legendären Unternehmensgründers aufwendig präsentiert werden.

Auf einer Landzunge etwas oberhalb des Ortes erhebt sich der **Schlossberg** mit dem **Schloss Mattsee,** einer Eventlocation.

Südlich von Mattsee führen Themenwege auf den **Buchberg** (801 m), der dank seiner einzigartigen Flora als **Naturschutzgebiet** ausgewiesen ist.

MEIN TIPP

Die Obertrumer Seen per Schiff entdecken

Wer den Mattsee 13 und den benachbarten Obertrumer See 12 vom Wasser aus erleben möchte, kann dies an Bord des elektrisch betriebenen **Ausflugsschiffes „Seenland"** tun. Etwa zwei Stunden dauert die Fahrt, auf der man viel über die Gewässer und die hiesigen Orte erfährt. Bei Bedarf kann man auch in **Hop-on-hop-off-Manier** an einem Ort der Wahl aussteigen und die Fahrt 50 Min. später fortsetzen. Erlebenswert ist v. a. der schmale **Verbindungskanal** zwischen den beiden Seen mit der niedrigen **Johannisbrücke,** die die „Seenland" aufgrund ihres gesenkten Hubdachs problemlos unterquert.

Es sind auch **Kombitickets** erhältlich, etwa mit der Ferdinand-Porsche-Erlebniswelt oder inklusive einer Kutschfahrt.

› **Infos und Buchung:** www.segelschule-mattsee.at/de/schifffahrt/index.asp, Saison April–Ende Okt., Juli/Aug. tägl. außer Mi mehrere Abfahrten, ab 9 € pro Teilstrecke, 18 € für die Rundfahrt

034ms-dk

› *Baden wie anno dazumal: im historischen Strandbad in Mattsee*

Südöstlich des Mattsees liegen die kleinen **Egelseen** und das **Schleedorfer Moor**, die man ab Schleedorf [H1] im Rahmen reizvoller Spaziergänge erreicht. In Schleedorf ist das Stammhaus der **Trachtenschneiderei Wimmer** zu finden, eine der etabliertesten Textiladressen des Landes.

› www.mattsee.co.at

58 Ferdinand-Porsche-Erlebniswelten, Passauerstr. 30, Mattsee, Tel. 06217 59232, www.fahrtraum.at, tägl. 10–17 Uhr, Eintritt: 14 €, erm. 10 €

› **Naturpark Buchberg:** www.naturparke.at/naturparke/salzburg/naturpark-buchberg

59 Wimmer schneidert, Dorf 96, Schleedorf, Tel. 06216 6562, www.wimmertracht.at. Wundervolle hochwertige Trachten-Kreationen.

14 Wallersee ★★ [I2]

Ob der Name des Wallersees auf das mittelhochdeutsche Wort „Walchen" für „Fremde" – angeblich siedelten dort romanische Stämme – zurückgeht oder damit zu tun hat, dass hier zahlreiche Waller (Welse) vorkommen, ist nicht gesichert. Mit seiner mehr als 6 km² großen Wasserfläche ist der Wallersee jedoch der größte See des Salzburger Alpenvorlandes und mit sommerlichen Wassertemperaturen von bis zu 25 °C auch einer der wärmsten.

An seiner tiefsten Stelle misst das Gewässer 23 m, seine Ufer sind weitestgehend flach, weshalb sich an mehreren Stellen ein breiter **Schilfgürtel** gebildet hat und der See im Westen und Norden von dem artenreichen, naturgeschützten **Wenger Moor** umgeben ist. Ein **Strandbad** liegt am Nordostufer des Sees. Beliebt ist der Wallersee auch bei **Wind- und Kitesurfern sowie Seglern**, denn häufig sind die Winde hier recht stark. Insgesamt wirkt der Wallersee noch ein Stück beschaulicher als z. B. der Obertrumer 12 oder der Mattsee 13.

Die einzige direkt am Ufer liegende Ortschaft ist das kleine **Wallersee-Zell**, während ansonsten, speziell am Südufer, v. a. Privatparzellen mit Ferienhäuschen zu finden sind.

Südöstlich des Sees in **Henndorf** lebte zwischen 1926 und 1938 der

⏶ *Am kleinen Sporthafen in Wallersee-Zell geht es beschaulich zu*

Schriftsteller **Carl Zuckmayer** (1896–1977). Auch andere Autoren wie Franz Stelzhamer, Ödön von Horváth oder Thomas Bernhard verbrachten hier einige Zeit und ließen sich von der Landschaft inspirieren. Ein **Literaturspaziergang** erinnert an diese Schriftsteller, aufschlussreich ist zudem ein Besuch im **Literaturhaus.**

Östlich von Henndorf erstrecken sich die Höhenrücken namens **Kolomansberg** (1114 m) und **Große Plaike** (1034 m). Sie bilden die natürliche Grenze zu Oberösterreich. **Wander- und Radausflüge** sind hier äußerst beliebt, z. B. hinauf zur **Kolomanskirche**, Österreichs älteste erhaltene Holzkirche.

Unmittelbar an der Grenze zu Oberösterreich befindet sich der bei Familien mit Kindern beliebte **Erlebnispark Fantasiana** mit Fahrgeschäften und einem Märchenwald.

Wer sich nach etwas spiritueller Einkehr sehnt, sollte die **Mariä-Himmelfahrt-Kirche** im nahen **Irrsdorf** [I1] besuchen, die sich durch ihre Barockaltäre und die wunderbar gefertigten Eichentürflügel aus dem 15. Jh. auszeichnet.

60 Literaturhaus Henndorf, Franz-Stelzhamer-Str. 10, Tel. 0660 7966054, www.literaturhaus-henndorf.at, März–Sept. Di 10–12, Fr 16–18, Eintritt je nach Programm

★ **61 Erlebnispark Fantasiana**, Märchenweg 1, Straßwalchen, Tel. 06215 8181, https://erlebnispark.at, Mitte April–Sept. tägl. 10–18, Okt. Sa/So 10–18 Uhr, Eintritt: 28 €, erm. 23 €

62 Fisch- & Schneckenrestaurant Winkler €€€, Uferstr. 32, Neumarkt, Tel. 06216 52700, www.seehotel.at. Exquisite Küche, wie der Name schon sagt, mit viel fangfrischem Fisch aus dem See und Schnecken. Dazu Patisserie und suchtverdächtigen Palatschinken.

15 Fuschlsee ★★★ [J3]

Wer sich dem Fuschlsee nähert, wird überwältigt sein von seinem hellblau schimmernden Wasser und der idyllischen Landschaft, in die er sich ganz natürlich einbettet. Tatsächlich verfügt der lang gestreckte See über eine ausgezeichnete Wasserqualität, nicht zuletzt weil hier Boote mit Verbrennungsmotor verboten sind.

Mit einer Fläche von 2,65 km² (und einer maximalen Tiefe von 67 m) ist der Fuschlsee zwar verhältnismäßig klein, durch seine gut erhaltene Unterwasservegetation und die Tatsache, dass das Wasser Trinkqualität hat, ist er aber gerade bei **Badenden** ausgesprochen beliebt.

Fuschl am See ist der **Hauptort**, besteht aber lediglich aus ein paar Sträßchen, einer Seepromenade und einem kleinen Seebad. Reich ist das Angebot an Hotels und Pensionen, hinzu kommt eine Handvoll Lokale und Geschäfte.

Lohnenswert ist ein **Spaziergang** um den See auf einer Strecke von 12 km, wobei sich einige öffentliche Badestellen entlang des Weges finden. Das Nordwestende des Sees ist als **Naturschutzgebiet Fuschlseemoor** ausgewiesen und bietet mit dem **Naturbadestrand** eine ruhigere Alternative zum Hauptort. Am Südwestufer ragt das stattliche **Schloss Fuschl** auf einer Landzunge empor. Im 15. Jh. als Jagdschloss für die Salzburger Erzbischöfe gebaut, hatte es über die Jahrhunderte hinweg verschiedene Funktionen, darunter auch als **Filmkulisse der Sissi-Filme** (1955–1957) mit Romy Schneider und Karlheinz Böhm in den Hauptrollen. Heutzutage beherbergt es ein exklusives Hotel (s. S. 17) samt Golfplatz, Café, Fischimbiss und einem kleinen Sisi-Museum.

Für einen **Panoramablick** über den Fuschlsee sollte man sich auf die **Burgruine Wartenfels** nördlich des Ortes begeben oder weiter auf den **Schober** (1328 m) wandern.

› https://fuschlsee.salzkammergut.at

63 **Brunnwirt** €€€, Wolfgangseestr. 11, Fuschl am See, Tel. 06226 8236, www.brunnwirt.at. Schon seit über 600 Jahren steht an dieser Stelle direkt am See ein Restaurant. Heute widmet man sich v. a. der Zubereitung guter Fischgerichte.

16 Strubklamm ★★ [I3]

Südwestlich des Fuschlsees 15 verläuft der **Almbach** als Abfluss des Hintersees 17 und mündet in Hallein 39 in die Salzach. In seinem zentralen Bereich bildet der Bach die bizarre Strubklamm, einen **wilden Canyon** mit engen Schluchten und steilen Felswänden. Man kann die Klamm ab dem Örtchen **Faistenau** auf einem 11 km langen Rundweg entlang des sagenumwobenen, seit Jahrhunderten bestehenden **Metzgersteigs** von oben betrachten oder – noch etwas spektakulärer – im Rahmen einer geführten **Canyoning-Tour** (Buchung über Gasthaus Seewirt) im Flussbett „hautnah" erleben.

Im besagten **Faistenau** steht eine weitestgehend **hohle, uralte Linde,** die auch „Tausendjährige Linde" genannt wird und deren Stamm einen Umfang von mehr als neun Metern hat. Unter diesem Baum wird alle drei Jahre, das nächste Mal im Juli/Aug. 2025, das Stück „Jedermann" im örtlichen Dialekt aufgeführt.

Um Faistenau herum gibt es eine Handvoll **Liftanlagen,** die auf die umliegenden Berge führen, während sich das Naturbad namens **Felsenbad** südwestlich des Ortes perfekt zur Erfrischung im Almbach eignet.

64 **Gasthaus Seewirt** €-€€, Strubklamm 5, Faistenau, Tel. 06228 2653, www.seewirt-faistenau.at. In diesem Gasthaus kann man nicht nur die traditionellen Schmankerln der österreichischen Küche genießen, sondern auch Canyoning-Touren in der Strubklamm buchen.

› **Alte Linde Faistenau:** www.alte-linde.at

Der Nebel verleiht dem Fuschlsee 15 eine geheimnisvolle Aura

17 Hintersee ★ [I4]

Der romantische Hintersee ist ein kleiner, **glasklarer Bergsee,** der ohne Zweifel eine der Attraktionen dieses Landstrichs ist. Er lässt sich im Rahmen einer Wanderung umrunden und lädt zum Baden ein – mehrere **Strandbäder** stehen speziell am Nordufer zur Verfügung. Etwa 5 km südlich des Sees liegt das ebenfalls Hintersee genannte **Dorf,** in dem sich ein sehenswertes **Puppenstubenmuseum** befindet, das auch historische Kaufmannsläden und Teddybären zu seiner Sammlung zählt.

In unmittelbarer Nähe von Hintersee erstreckt sich ein kleines **Wandergebiet** namens **Gaißau-Hintersee,** wo die **Spielbergalm** auf 1310 m ein äußerst beliebtes Ausflugsziel darstellt, von der aus wahlweise der namensgebende **Spielberg** (1428 m) oder das **Wieserhörndl** (1546 m) bezwungen werden können – ein atemberaubender Fernblick ist bei beiden garantiert.

› www.hintersee.salzburg.at

65 Puppenstubenmuseum, Hintersee 4, Tel. 06224 89000, Dez.–März Mi–So 12–17 Uhr, Eintritt: 4 €, erm. 2,80 €

› **Spielbergalm:** www.spielbergalm.com

18 Wolfgangsee ★★★ [K4]

Unmittelbar an der oberösterreichischen Grenze liegt der legendäre Wolfgangsee. Legendär deshalb, weil er für seine grandiose Landschaft oft gepriesen und in Filmen und Operetten verewigt wurde. Übrigens völlig zu Recht, denn der Wolfgangsee und die ihn umgebende Landschaft ist einfach bezaubernd.

Mit einer Fläche von 13 km² (und einer maximalen Tiefe von 114 m) zählt er zu den größten Seen des Landes. Ab der zweiten Hälfte des 19. Jh. reiste die feine Wiener Gesellschaft, meist aus Bad Ischl 26 kommend, hierher zum Baden an. Heute erfreuen der See und die Örtchen entlang des Ufers Gäste mit zahlreichen Freizeitmöglichkeiten, die von reinem **Badespaß** über **Wassersport** bis zu **Wanderungen** reichen. Besonders beliebt ist der See bei **Tauchern:** Dank des klaren Wassers ist die Unterwasservegetation, u. a. an der sog. Franzosenschanze, weithin berühmt.

Ideal für eine erste Orientierung: eine Schiffsfahrt über den Wolfgangsee

037ms-dk

038ms-dk

Am Westufer des Wolfgangsees liegt zunächst das hübsche **St. Gilgen** [J3]. Aus dem Ort stammte Mozarts Mutter, auch seine Schwester „Nannerl" lebte viele Jahre hier. Im ehemaligen Wohnhaus der Familie, dem **Mozarthaus**, erinnert heute eine Dauerausstellung an die berühmte Bewohnerin. Ebenfalls sehenswert sind die Pfarrkirche von St. Gilgen mit dem kleinen Friedhof und das schmucke Rathaus. Der **Hausberg** der Gegend ist das 1522 m hohe **Zwölferhorn**, das man wahlweise per pedes oder mit der **Kabinenseilbahn** erreicht.

Der Hauptort, der dem See seinen Namen verlieh, ist das am Nordufer liegende **St. Wolfgang** [K4], das bereits zu Oberösterreich zählt. Der Komponist Ralph Benatzky (1884–1957) setzte dem Ort mit seinem 1930 uraufgeführten Singspiel **„Im weißen Rössl am Wolfgangsee"** ein Denkmal. Noch berühmter wurde St. Wolfgang 30 Jahre später im Zuge der Verfilmung mit Peter Alexander in der Hauptrolle. Bis heute gibt es das besagte **Hotel** (www.weissesroessl.at). Auch das Ortszentrum von St. Wolfgang mit seinen historischen Bauten samt schmucken Boutiquen und einladenden Cafés kann sich sehen lassen. Außerdem ist ein Spaziergang entlang der **Promenade** mit Blick über das Wasser auf die Berge lohnenswert. Mehrere Schifffahrtslinien bieten **Rundfahrten** auf dem Wolfgangsee an. Ein echtes Erlebnis ist eine Fahrt mit der **Schafberg-Bahn** (s. S. 43). Für **Wanderfreunde** ist die ca. 7 km südlich des Sees gelegene **Postalm** (s. S. 43) eine Empfehlung.

Wer vorrangig zum **Baden** an den See kommt, der sollte sich ans Ostufer nach **Strobl** [K4] aufmachen, denn hier ist die Infrastruktur in Form von Stränden und Badestegen optimal und es geht meist ruhiger zu als in den vorgenannten Orten. Strobl war die Wahlheimat einiger namhafter Schauspieler, darunter **Emil Jannings** (1884–1950), erster Oscar-Preisträger (1929) als bester Hauptdarsteller, und der v. a. aus humoristischen Filmen bekannte **Theo Lingen** (1903–1978).

› www.wolfgangsee.at

Auf der Promenade in St. Wolfgang kann man die Lebensgeister wecken

66 Mozarthaus St. Gilgen, Ischler Str. 15, Tel. 06227 20242 www.mozarthaus.info/museum, Juni–Sept. Di–So 10–16 Uhr, Eintritt: 4 €, erm. 2,50 €

› **Kabinenseilbahn zum Zwölferhorn:** www.zwoelferhorn.at, Berg- und Talfahrt 30 €, erm. 27 €

› **Rundfahrten:** www.5schaetze.at/de/wolfgangseeschifffahrt

Infos, Gastronomie, Einkaufen

67 Tourismusbüro St. Gilgen, Mondsee Bundesstr. 1a, Tel. 06227 2348

68 Batzenhäusl €€-€€€, Schmalnau 1, St. Gilgen, Tel. 06227 2356, batzenhaeusl.com. Gehobenes Restaurant in einem alten Landgasthof etwas außerhalb vom Ortskern.

69 Gasthof Fürberg €€, Fürbergstr. 30, St. Gilgen, Tel. 06227 23850, www.fuerberg.com. Hübscher Gasthof am Seeufer mit leichten und deftigeren Speisen zur Auswahl.

70 St. Wolfganger Kräuterhaus, Markt 26, St. Wolfgang im Salzkammergut, Tel. 0660 4801617, https://kraeuterparadies.at. Naturbelassene Produkte aus regionalen Kräutern gibt es in diesem wunderbaren Laden.

Das malerische Rathaus von St. Gilgen ist ein echter Blickfang

039ms-dk

Meine Tipps

Unterwegs mit Österreichs steilster Zahnradbahn

Unvergesslich ist die etwa 40-minütige Fahrt mit der **SchafbergBahn,** einer Dampfzahnradbahn, die bereits seit 1893 verkehrt. Sie fährt gemächlich von St. Wolfgang am Wolfgangsee 18 auf den 1782 m hohen **Schafberg** [K3] mit seinem atemberaubenden Nordabbruch. Von hier aus genießt man einen unschlagbaren **Panoramablick** über das Seenland.

› **Infos und Buchung:** www.5schaetze.at/de/schafbergbahn/preise-und-fahrplan.html, Berg- und Talfahrt 35,80 €, erm. 12 €

Aussichtsreich wandern rund um den Wolfgangsee

Für die ultimative **Aussicht** auf die Voralpenregion bis in die schneebedeckten Bergwelten der Ostalpen stehen wahlweise die Gipfel des **Zwölferhorns** oder des **Schafbergs** zur Verfügung (s. oben).

Am Südufer des Wolfgangsees 18 führt eine reizvolle, wenngleich eher unbekannte Route zur **Niedergadenalm** und dann weiter auf die **Bleckwand** [K4] (1541 m).

Ein fantastisches Wander- und Kletterparadies im Umkreis des Sees ist außerdem die **Postalm** [K4] südlich von Strobl, die man auf der **mautpflichtigen Postalmstraße** (Pkw ab 12 €, Motorrad 6 €) erreicht. Es handelt sich um ein durchschnittlich in 1300 m Höhe gelegenes, etwa 40 km² großes **Almplateau,** auf dem sich zahlreiche **Wanderrouten** finden. Besonders empfehlenswert sind Wanderungen auf die Thorhöhe (1533 m), zum Wieslerhorn (1603 m), auf den Pitscherberg (1720 m) oder unterhalb der Postalm auf den Sparber (1502 m).

› **Infos:** www.postalm.at

Oberösterreichisches Salzkammergut

Nicht zum Bundesland Salzburg, sondern zu seinem nordöstlichen Nachbarn Oberösterreich gehört das Herzstück des Salzkammerguts. Während das Schicksal des Salzburger Territoriums faktisch seit dem 8. Jh. von Bischöfen gelenkt wurde, herrschten in fast ganz Oberösterreich und dem größten Teil des restlichen Landes spätestens seit 1278 die Habsburger. Heute ist das viel besungene Salzkammergut aufgrund seiner Seenlandschaft und der teils hochalpinen Bergwelt eine der meistbesuchten Regionen Österreichs.

Gleich nördlich des Wolfgangsees ⓲ liegt die oberösterreichische Grenze. Hier beginnt das weltberühmte **Seengebiet**, bestehend aus dem markanten **Mondsee** ⓳, dem eher unbekannten **Irrsee** [J2], dem mondänen **Attersee** ⓴, dem imposanten **Traunsee** ㉑ und dem geheimnisvollen **Hallstätter See** mit dem populären **Hallstatt** ㉘.

Nicht nur dank ihrer Seen bietet die Region unzählige **Naturerlebnisse.** So lädt das gewaltige **Dachsteinmassiv** ㉚ zu Wanderungen verschiedenster Schwierigkeitsstufen, aber auch zu Klettertouren ein. Ideal für Fans vielfältiger Outdoor-Aktivitäten ist das **Gosautal** ㉙, dessen Freizeitangebot seinesgleichen sucht.

Im Land des „weißen Goldes" – das Salzkammergut

„Im Salzkammergut, da kann man gut lustig sein", sang Peter Alexander 1960 in dem Spielfilm „Im weißen Rössl" – und die meisten Österreich-Besucher verbinden mit dem Namen dieser Region wohl in allererster Linie das Bild eines vor grünen Almen und mächtigen Berggipfeln strotzenden Alpenparadieses.

Historisch gesehen umfasst das Salzkammergut allerdings jene Landstriche, in denen seit frühester Zeit Salzbergbau betrieben wurde und die im Privatbesitz der Erzherzöge des Hauses Habsburg waren. „Kammergut" war nämlich eine frühere Rechtsbezeichnung für eine Region, die als direktes Eigentum einem Herrscher unterstand. Somit waren der Salzabbau und der Handel mit dem begehrten „weißen Gold" ein k. u. k. Geschäft.

Das Salzkammergut wurde 1656 erstmals urkundlich erwähnt, bestand damals aber nur aus den Salzabbaustätten an der oberen Traun, sprich um den Hallstätter See ㉘, das Gosautal ㉙, das Ausseerland und den Ischler Raum bis nach Ebensee ㉔. Alle diese Gebiete liegen auf dem Territorium Oberösterreichs und der Steiermark, nicht aber – wie man annehmen könnte – im Bundesland Salzburg, da dieses nicht habsburgisch war. Als die Region ab den 1840er- bzw. 1850er-Jahren aufgrund ihrer vielen Seen zunehmend touristisch erschlossen und durch Bahnverbindungen für immer mehr Sommerfrischler zugänglich gemacht wurde, entschied man sich, den Begriff „Salzkammergut" als eine Art Markenname zu etablieren und auch die angrenzenden Gegenden des Flachgaus zu integrieren.

Heute bezeichnet die „Tourismusregion Salzkammergut" insgesamt 57 Gemeinden, 72 % davon in Oberösterreich, 16 % in der Steiermark und 12 % im Bundesland Salzburg.

Gleichzeitig ist in diesem Landstrich noch vielerorts der **Charme der k. u. k. Monarchie** spürbar, etwa in so namhaften Orten wie **Gmunden** 22, **Bad Ischl** 26 oder **Bad Goisern** 27.

Aufgrund seiner Größe bietet das Oberösterreichische Salzkammergut aber auch weniger besuchte „Schätze", wie z. B. den idyllischen **Almsee** im gleichnamigen Tal 25 oder die bei Mountainbikern beliebte **Ewige Wand** (s. S. 58).

› www.salzkammergut.at

19 Mondsee ★★ [J3]

Von St. Gilgen am Wolfgangsee 18 sind es kaum 6 km bis an den knapp 14 km² großen Mondsee mit seinem glasklaren Wasser. Eingebettet in die umliegende Berglandschaft wurde das Seeufer bereits zu prähistorischen Zeiten besiedelt und bis heute eignen sich der See und seine Umgebung hervorragend zum Schwimmen, Wandern oder Radfahren.

Wunderschön ist die Lage des Sees, der praktisch komplett von Berggipfeln umrahmt wird, von der **Kulmspitze** (1095 m) und dem **Koppenstein** (1123 m) im Nordosten und Osten sowie dem 1782 m hohen **Schafberg** (s. S. 43) im Südosten. Am markantesten sind jedoch die 1176 m messende **Drachenwand** und der 1328 m hohe **Schober**, die das Südwestufer überschatten.

Die Gegend war bereits in der **Jungsteinzeit** besiedelt – archäologische Funde, u. a. in Form von **Pfahlbauten**, belegen dies. Forscher haben diese besondere Epoche in der Zeit von etwa 3800 bis 3300 v. Chr. **Mondseekultur** genannt. Typisch hierfür sind etwa filigran verzierte Henkelkrüge. Weitere Fundstätten finden sich am Attersee 20.

040ms-sb

Der **Hauptort** heißt ebenfalls Mondsee. In dessen ehemaligem Kloster befindet sich das **Pfahlbau- und Klostermuseum** mit Ausstellungen zur Geschichte der Region. Höchst imposant ist die gelbe **Basilika St. Michael** gleich nebenan, von der sich der schmucke Marktplatz und die Doktor-Franz-Müller-Straße mit ihren Lokalen und Boutiquen bis an die **Seepromenade** ziehen. Hier und im angrenzenden Schwarzindien finden sich die beliebten **Strandbäder**. Wer den See vom Wasser aus erleben möchte, kann dies im Rahmen einer **Schiffsrundfahrt** tun.

Genug vom Wasser? Eine reizvolle Wanderung führt auf den **Almkogel** (1030 m). Einen einmaligen Fernblick über den See garantiert der **Seegruber**, der noch in Mondsee direkt

Unverwechselbar: der Mondsee vor der eindrucksvollen Drachenwand

am Waldrand gelegen ist. Von dort kann man weiter auf den **Mondseeberg** (1029 m) wandern.

Ebenfalls lohnenswert ist der nur rund 6 km nördlich vom Mondsee gelegene **Irrsee** [J2]. Dieses kleine, von Wald und Hügeln eingefasste Gewässer ist wegen seines Schilfgürtels streckenweise als **Naturschutzgebiet** ausgewiesen, lässt sich aber durchaus für familienfreundlichen Badespaß mit exzellenter Wasserqualität empfehlen und ist dabei selten überlaufen. Am östlichen Seeufer liegt **Zell am Moos.** Die Ortschaft bietet eine kleine, aber feine touristische Infrastruktur mit Badeanlage und Bootsverleih.

› https://mondsee.salzkammergut.at

71 Pfahlbau- und Klostermuseum, Marschall-Wrede-Platz 1, Mondsee, Tel. 06232 2895, www.museum-mondsee.at, Mai–Okt. Di–So 10–17 Uhr, Eintritt: 7 €, erm. 4 €

› **Rundfahrten auf dem Mondsee:** März–Okt. mehrmals tägl., sonst witterungsabhängig, www.schifffahrt-mondsee.at

› **Zell am Moos:** www.zell-moos.at

Gastronomie, Einkaufen

72 Holzingerbauer €-€€, Oberburgau 12, Scharfling, Tel. 06232 3841. Entspannte Jausenstation mit zauberhaftem Blick über den Mondsee.

73 Langwallner €€, Kirchenplatz 2, Zell am Moos, Tel. 06234 8207, www.gasthof-langwallner.at. Beschauliches Gasthaus direkt am Hauptplatz von Zell.

74 Seegasthof Hotel Lackner €€, Mondseestr. 1, Mondsee, Tel. 06232 23590, www.seehotel-lackner.at. Charmantes Restaurant direkt am Seeufer.

75 Käsehütte Nussbaumer, M.-Guggenbichler-Str. 7, Mondsee, Tel. 06232 2269. Der hier erhältliche Mondseer Käse ist ein Gedicht für die Geschmacksnerven.

20 Attersee ★★★ [L2]

Der äußerst klare Attersee liegt vor entzückendem Bergpanorama und ist mit einer Wasserfläche von 46 km² der größte See Österreichs, der sich zur Gänze im Land befindet, denn sowohl der Neusiedler See im Burgenland als auch der Bodensee teilen ihre Fläche mit weiteren Nachbarländern.

Der türkisfarbene Attersee ist ein **Gletscherrandsee** mit einer Tiefe von bis zu 169 m und hat **Trinkwasserqualität.** Er war besonders in der Belle Époque eine Art Geheimtipp für Sommerfrischler aus Wien und anderen Orten der k. u. k. Monarchie. Darunter waren auch Künstler wie die Maler **Gustav Klimt** (1862–1918) und **Albert Weisgerber** (1878–1915), aber auch der Dirigent und Komponist **Gustav Mahler** (1860–1911), die hier regelmäßig ihre Sommerurlaube verbrachten und den idyllischen See in so manchem Kunstwerk verewigten.

Viele der Orte am Wasser muten nach wie vor sehr reizvoll an. So finden sich vielerorts noble **Villen**, ansprechende **Strandbäder** und großzügige **Seeuferpromenaden,** die zum Schlendern einladen. Natürlich können sich am Attersee auch **Aktivurlauber** betätigen, egal ob im erfrischenden Nass (Segeln, Surfen, Wasserski, Tauchen u. v. m.) oder beim Wandern, Klettern und Radfahren.

Wer den See vom Wasser aus erleben möchte, der unternimmt zwischen Ostern und Oktober eine **Schiffsrundfahrt.** Aufgrund seiner Größe wird der Attersee hier in **zwei Teilabschnitten** beschrieben.

› https://attersee-attergau.salzkammergut.at

› **Rundfahrten:** www.atterseeschifffahrt.at, ab allen Orten möglich

Nord- und Ostufer des Attersees

Erste Anlaufstelle am **Nordufer** sind Seewalchen [L1] und dessen Nachbarort Schörfling, die nur durch den Fluss **Ager** voneinander getrennt sind. Der Ortskern von **Seewalchen** liegt nördlich der viel befahrenen Bundesstraße 151, dort befinden sich auch die meisten Unterkünfte und Lokale. Als Tagesbesucher kann man sich aber getrost auf die **Uferpromenade** beschränken. Auf dieser ist auch ist das **Strandbad** angesiedelt. Kurz vor der Agerbrücke steht ein **Infopavillon** mit Informationen und Modellen von **Pfahlbauten**, wie sie zur Zeit der **Mondseekultur** (s. S. 45) üblich waren.

In **Schörfling** ist das multimedial aufbereitete Museum **Gustav-Klimt-Zentrum** direkt am Wasser einen Besuch wert. Auch ein nach dem Maler des Wiener Jugendstils benannter **Themenweg** verläuft dort.

› **Strandbad:** www.seewalchen.eu/strandbad

ℹ **76 Infopavillon Abenteuer Pfahlbau,** Atterseer Str. 25, www.pfahlbau.at, rund um die Uhr geöffnet, Eintritt frei

M **77 Gustav-Klimt-Zentrum am Attersee,** Allee von Schloss Kammer, Hauptstr. 30, Schörfling, Tel. 0664 8283990, www.klimt-am-attersee.at, Anf. Juni–Ende Okt. 9.30–16.30 Uhr, Eintritt: 8 €, erm. 7 €

› **Klimt-Themenweg:** www.klimt-am-attersee.at/de/klimt-themenweg/allgemein

An der **Ostseite** des Attersees ist v. a. **Weyregg** [L2] bekannt, befinden sich doch hier ein interessantes, frei zugängliches **Aquarium** und im Hotel-Restaurant **Kaisergasthof** ein kleines **Museum**, das an die illustren k. u. k. Zeiten erinnert.

Wer im Attersee **tauchen** möchte, findet in Weyregg die entsprechende Infrastruktur (Tauchschule Under Pressure, s. S. 111) mit allerlei Attraktionen, darunter versunkene Boote, die erwähnten Pfahlbauten und sogar eine Unterwasserweihnachtskrippe. Von dem Ort aus führt der **„Wasser Roas"** genannte **Erlebnisweg** durch die Umgebung.

★ **78 Aquarium Weyregg,** Seedorf 13, rund um die Uhr geöffnet, Eintritt frei

› **K.u.k. Hausmuseum im Kaisergasthof** (s. S. 48), www.kaisergasthof.at/hotel/kuk-museum, Juni–Sept. tägl. 9–24, Okt.–Mai Mi–Fr 9–14 u. 18–24, Sa/So 9–24 Uhr, Eintritt frei

› **Wasser-Roas-Weg:** https://attersee-attergau.salzkammergut.at/oesterreich-tour/detail/430002735/weyregger-wasser-roas-weg.html

042ms-dk

Ob gemalt oder vertont: der Attersee hat zahlreiche Künstler inspiriert

MEIN TIPP

Wandern rund um den Attersee

Wem der Attersee 20 zu voll ist, der kann sich ab **Weißenbach** [L3] an den kleinen, in einer Waldlichtung gelegenen **Haleswiessee** (nur zu Fuß erreichbar, ca. 3 Std.) begeben.

Auch das auf der westlichen Atterseeseite liegende **Unterach** [K3] ist für Wanderungen in der umliegenden Bergregion prädestiniert, z. B. im hiesigen **Kastanienwald,** hinauf zum kleinen **Egelsee** oder auf den 1134 m hohen **Hochplettspitz** (vorrangig im schattigen Wald, daher besonders im Sommer beliebt).

Für weitere Wanderungen sollte man sich in den **Naturpark Attersee-Traunsee** begeben. Hier liegt auch der für seinen Fernblick bekannte **Gahberg** [L2] (864 m, mit Sternwarte).

Eine erlebnisreiche Wanderung führt von Schörfling auf den **Hongar** [M1] (943 m) zwischen Schörfling und dem Traunsee 21.

Rund 5 km westlich vom Attersee befindet sich **St. Georgen im Attergau** [K2], das sich als Basis für eine Wanderung zum **Attergauer Aussichtsturm** (208 Stufen, 36 m) auf dem **Lichtenberg** (885 m) anbietet.

› www.naturpark-attersee-traunsee.at

043ms-dk

Südlich von Weyregg liegt **Steinbach** [L3], der **Lieblingsort Gustav Mahlers,** an den noch sein **Komponierhäuschen** mit einer Dauerausstellung und im Sommer ein **Mahler-Festival** erinnern.

Bierfreunde werden die regionale Handwerksbrauerei **Bierschmiede** mögen, die man im Rahmen einer Brauereiführung besichtigen kann. Östlich von Steinbach erhebt sich mit dem **Bramhosen** (950 m) der Hausberg des Ortes.

› www.mahler-steinbach.at

★79 **Bierschmiede,** Seefeld 56, Steinbach, Tel. 0664 5486321, www.bierschmiede.at, Führung ab 13 €/Person inkl. Verkostung

Gastronomie

80 **Kaisergasthof** €€€, Weyregger Str. 75, Weyregg, Tel. 07664 2202, www.kaisergasthof.at. Edel speisen in nostalgisch-romantischem k. u. k. Ambiente.

81 **Restaurant Langostinos** €€-€€€, Bahnhofstr. 4, Kammer, Tel. 07662 29050, www.langostinos.at. Hier sollte Fisch im persönlichen kulinarischen Ranking ganz weit oben stehen.

Süd- und Westufer des Attersees

Das **Südufer** mutet sehr alpin an. Wanderungen und Klettertouren sind ab **Weißenbach** [L3] und weiter westlich ab **Burgau** [K3] (bereits in Salzburg gelegen) möglich, z. B. im **Höllengebirge** und durch die eindrucksvolle **Burggrabenklamm** [K3]. Die höchste Erhebung in unmittelbarer Nähe ist der **Schoberstein** (1037 m) mit unübertrefflichem Rundblick über den See und das Umland.

◁ Ideal für Ausflüge in die nahe Bergwelt: Weißenbach am Attersee 20

In **Nußdorf** [K2] am **Westufer** lohnt ein Spaziergang entlang der Seepromenade. Der Ort **Attersee** besitzt einen äußerst sehenswerten Ortskern mit schöner Uferpromenade und einer Wallfahrtskirche. Im **Bienenhof**, einer Imkerei mit Hofladen, werden Führungen angeboten, Kunstfreunde finden vielleicht an einer Stippvisite in der **Atterseehalle** mit wechselnden Ausstellungen Gefallen. Auf dem Weg zum 808 m hohen **Buchberg** genießt man immer wieder einen einzigartigen Blick auf den See.

Auch **Litzlberg** [L1] im nördlichen Bereich des Westufers war früher ein beliebter Ausflugs- und Inspirationsort für den Maler **Gustav Klimt.** Das auf einer Insel gelegene Schloss ist zwar nicht öffentlich zugänglich, lässt sich aber im Rahmen einer **Seerundfahrt** (s. S. 46) betrachten.

★**82 Bienenhof**, Neuhofen 5, Attersee, Tel. 07666 20845, www.bienenhof attersee.at

83 Atterseehalle, Kirchenstr. 1, Attersee, Tel. 07666 77550, nur im Sommer geöffnet

Gastronomie

84 Das Attersee €€-€€€, Hauptstr. 2, Landungsplatz, Attersee, Tel. 0664 9278572, www.dasattersee.at. Schmankerln mit einem Hauch Nouvelle Cuisine gibt es in diesem wundervollen Lokal direkt am Wasser.

85 Gasthaus Steinbichler €-€€, Weinbergstr. 25, Nussdorf, Tel. 0699 13636300, www.gasthof-steinbichler.at. Oberösterreichische Spezialitäten und köstlicher Most mit Seeblick. Auch Zimmer zu vermieten.

044ms-dk

Das reizende Seeschloss Ort in Gmunden (22) am Traunsee ist über einen hölzernen Steg erreichbar

(21) Traunsee ★★★ [M2]

Der Traunsee hat eine Fläche von über 24 km² und ist mit 191 m der tiefste See Österreichs. Anders als der Attersee (20) weist er speziell am Ostufer kaum Bebauung auf, denn hier ragt das Felsmassiv des Traunsteins in die Höhe.

Der **Hauptort** ist das elegante **Gmunden** (22), aber Badende und Wassersportler zieht es auch an das westliche Seeufer, wo weitere Orte wie **Traunkirchen** (23) und **Ebensee** (24) liegen.

Das **Ostufer** dominieren die Berghänge des **Traunsteins,** der an seiner höchsten Stelle 1691 m misst. Entlang dieses Ufers verläuft die **Traunsteinstraße** etwa 6 km nach Süden, doch gibt es hier nur eine Handvoll Seegasthöfe, einige Badestellen und wenige Parkmöglichkeiten. Von den Parkplätzen sind **Wanderungen** möglich, etwa zur Kaltenbachwildnis oder über den Miesweg. Der **Aufstieg auf den Traunstein** ist hingegen nur erfahrenen Alpinisten zu empfehlen. Einfacher ist eine Wanderung auf den **Kleinen Schönberg** in 895 m Höhe.

Auch auf dem Traunsee gibt es eine **Schifffahrtslinie**, die mit mehreren Schiffen über das Gewässer schippert, von denen der nostalgische **Raddampfer „Gisela“** (Juli/Aug. immer sonntags) die mit Abstand populärste Variante ist.

› **Rundfahrten:** ganzjährig, Mai–Okt. tägl. Abfahrten, www.traunseeschifffahrt.at

22 Gmunden ★★★ [M2]

Die k. u. k. Atmosphäre ist im idyllischen Gmunden durchaus noch spürbar, denn die Stadtverwaltung versteht es auf sehr gelungene Weise, die „glanzvolle“ Vergangenheit als Aushängeschild zu vermarkten.

Die Bezirkshauptstadt Gmunden ist mit 13.300 Einwohnern nach Bad Ischl 26 die **zweitgrößte Stadt** des Salzkammerguts. Sie liegt am **Nordufer** des Traunsees und war im 19. Jh. ein begehrter Urlaubsort für betuchte Sommerfrischler aus Wien.

Die **Innenstadt** von Gmunden erstreckt sich zwischen Theatergasse und Kammergasse sowie zwischen dem Rathausplatz entlang der Kirchengasse und deren Parallelstraßen bis zur **Pfarrkirche**, deren Südwand zwei monumentale Freskenbilder schmücken.

Wunderschön ist der **Rathausplatz** direkt an der Schiffsanlegestelle, wo das mintgrün-weiße, orientalisch anmutende Rathaus steht und einige mondäne Hotels ihren Sitz haben. Nach Westen verläuft die **„Esplanade“** genannte Uferpromenade, auf der man sich ein bisschen an die italienische Riviera versetzt fühlt – hier erstreckt sich auch der hübsche **Kurpark.** Östlich des Rathausplatzes befinden sich im **Kammerhof** neben Shops und Lokalen gleich fünf interessante **Museen** zu unterschiedlichen Themen.

Im Westteil der Innenstadt befinden sich das klassizistische **Theatergebäude** und der kleine **Rinnholzplatz,** auf dem ein außergewöhnlicher Keramikbrunnen steht. Apropos Keramik: Die Stadt ist für die **Gmundner Keramik** mit ihrem charakteristischen weiß-grün geflammten Dekor berühmt.

Die meistbesuchte Sehenswürdigkeit Gmundens ist das im Westteil der Stadt gelegene **Schloss Ort,** das eigentlich aus zwei Gebäudeeinheiten besteht, nämlich dem Landschloss und dem auf einer Landzunge erbauten, über eine Holzbrücke zu

Der Rathausplatz in Gmunden versprüht das Flair des ausgehenden 19. Jh.

046ms-dk

048ms-sb

erreichenden **Seeschloss,** das auch ein Museum beherbergt. Südlich des ebenfalls hier befindlichen **Toscanaparks** lockt ein historisches **Strandbad** und auch **Wassersport** ist ab Gmunden möglich.

Noch im Ortsbereich, auf der Ostseite der Traun, liegt die **Bergstation der Seilbahn,** die auf den 984 m hohen **Grünberg** [N2] hinaufführt, der sich mit seiner Sommerrodelbahn und dem **Baumwipfelpfad** hervorragend als Familienausflugsziel eignet. Wer wandern will, sollte sich zum **Laudachsee** südöstlich des Grünberggipfels aufmachen (ca. 1 Std. Fußweg).

Rund 8 km nördlich von Gmunden, in **Ohlsdorf** [M1], befindet sich das **BernhardHaus,** ein Vierkanthof, den der Schriftsteller **Thomas Bernhard** (1931–1989) 1965 zu seinem Landsitz auserkor und der sich heute im Rahmen von **Führungen** besichtigen lässt.

Südwestlich von Gmunden liegt **Altmünster** mit Tauchschule, Segel- und Surfclubs und einem Seebad.

In der entzückende Innenstadt von Gmunden ist immer etwas los

86 Kammerhofmuseen Gmunden, Kammerhofgasse 8, Tel. 07612 794423, https://museum.gmunden.at, Mi–So 10–15 Uhr, Eintritt: 6 €, erm. 2 €

★**87 Seeschloss Ort,** Ort 1, Tel. 07612 794400, https://schlossort.gmunden.at, tägl. 10–17 Uhr, Eintritt: 5 €

› **Strandbad Gmunden:** www.strandbad-gmunden.at

› **Wassersport:** www.wassersportarena.at

› **Seilbahn zum Grünberg:** April–Mitte Nov., https://gruenberg.info, Berg- und Talfahrt 19,90 €, erm. 10,90 €

88 BernhardHaus, Obernathal 2, Ohlsdorf, Tel. 07612 64475, https://thomasbernhard.at, Führungen April–Sept. Sa/So u. Feiertage 14–18 Uhr, sonst nach Voranmeldung, Eintritt inkl. Führung: 10 €, erm. 5 €

Infos, Gastronomie, Einkaufen

89 Tourismusverband Traunsee-Almtal in Gmunden, Toscanapark 1, Tel. 07612 74451, https://traunsee-almtal.salzkammergut.at

90 Café-Konditorei Grellinger, Franz-Josef-Platz 6, Tel. 07612 64153, https://konditorei-grellinger.at. Süße Verführungen wie aus Kaisers Zeiten.

91 Gmundner Keramik, Keramikstr. 24, Tel. 07612 78610, www.gmundner.at. Die perfekte Adresse für ortstypische Keramikartikel.

23 Traunkirchen ★★ [M2]

Traunkirchen am **Westufer** des Traunsees ist der wohl malerischste Ort dieses Landstrichs. Es sind v.a. der **Johannesberg**, ein Felsen, der in den See hineinragt und auf dem majestätisch die kleine **Johannesbergkapelle** thront, und das atemberaubende **Bergpanorama** dahinter, die als meistfotografierte Sujets gelten. Man sollte sich unbedingt auf den erwähnten Johannesberg begeben und bei Interesse auch das ebenfalls auf der Landzunge gelegene **Handarbeitsmuseum** besuchen. Unterhalb des Johannesbergs kann man baden. Sehenswert sind ferner die **Pfarrkirche** und der benachbarte **Kalvarienberg.**

92 Handarbeitsmuseum, Klosterplatz 2, Tel. 0664 5401364, www.goldhauben.info/handerbeitsmuseum, Juni–Okt. Fr–So 14–17, Juli/Aug. auch Do 14–17 Uhr, Eintritt: 3 €, Kinder frei

Eine Bootsfahrt gefällig? In Traunkirchen hat man Gelegenheit dazu.

047ms-dk

24 Ebensee ★ [M3]

Am **Südufer** des Traunsees liegt Ebensee, wo sich ebenfalls ein **Strandbad** befindet. Aufgrund entsprechender Windverhältnisse fühlen sich hier speziell **Segler, Surfer und Kitesurfer** wohl. In dem Ort werden die berühmten **Steinkogler Bergschuhe** gefertigt.

In der NS-Zeit war Ebensee Standort eines Nebenlagers des KZ Mauthausen, in dem fast 8800 Häftlinge den Tod fanden. Die **KZ-Gedenkstätte** und das **Zeitgeschichte Museum Ebensee** erinnern an diese dunkle Epoche. Neben einer Ausstellung sind auch Führungen über das ehemalige Lagergelände möglich.

Von Ebensee gelangt man per **Seilbahn** auf den 1592 m hohen **Feuerkogel,** der als Basis für Wanderungen auf den höchsten Gipfel des **Höllengebirges** dient, den **Großen Höllkogel** (1862 m). In der kalten Jahreszeit ist diese Gegend ein populäres **Wintersportgebiet.** Oberhalb des Gebirgszugs verläuft das ca. 8 km lange **Langbathtal** bis zu den beiden **Langbathseen,** von denen der vordere beliebt bei Badefans ist.

Sehenswert ist ferner die **Gassel-Tropfsteinhöhle** (s. S. 53) östlich von Ebensee.

93 KZ-Gedenkstätte/Zeitgeschichte Museum Ebensee, Kirchengasse 5, Tel. 06133 5601, www.memorial-ebensee.at, **KZ-Gedenkstätte:** Mai–Mitte Juni Sa/So 10–17, Mitte Juni–Mitte Sept. Di–So 10–17, Ende Sept. Sa/So 10–17 Uhr, Eintritt: 6 €, erm. 4 €, **Museum:** März–Mitte Juni Di–Sa 10–17, Mitte Juni–Sept. Di–So 10–17, Okt.–Feb. Di–Fr 10–17 Uhr, Eintritt: 7 €, erm. 4,50 €, Kombiticket 10 €, erm. 6 €

› **Seilbahn zum Feuerkogel:** https://feuerkogel.info, Berg- und Talfahrt 24,70 €, erm. 12,30 €

Gastronomie, Einkaufen

94 **Almgasthof Windlegern** €-€€, Kollmannsberg 122, Altmünster, Tel. 07617 2844, www.windlegern.at. In diesem Gasthof mit bodenständiger Küche ist der freie Blick auf Traunsee und Traunstein inklusive.

95 **Poststube 1327** €€, Ortsplatz 5, Traunkirchen, Tel. 07617 2307, www.hotel-post-traunkirchen.at. Altehrwürdiges Restaurant direkt am See mit einheimischer Kost.

96 **Bergschuhfabrikation Steinkogler,** Roitherstr. 70, Ebensee, Tel. 06133 5333, www.steinkogler-bergschuh.at. Handwerklich hergestellte Bergschuhe von hoher Qualität.

25 Almtal ★★ [02]

Das vergleichsweise wenig besuchte Almtal erstreckt sich auf ca. 40 km Länge und verläuft äußerst idyllisch zwischen den Trauntaler Alpen im Westen und den Steyrtaler Voralpen im Osten. Am Talende liegt der Almsee und südlich davon das Tote Gebirge mit viel unberührter Natur und traumhaften Rückzugsgebieten. Deshalb ist das waldreiche Almtal auch als erholsames Urlaubsparadies bekannt.

Unter dem Motto **„Waldness“** – einer Kombination aus Wald und Wellness – werden Retreats und Wanderungen durch die Wälder und zu sog. Heilplätzen angeboten.

Wer aus Gmunden 22 kommt, kann zunächst im **Sensendorf Scharnstein** halten, wo noch bis 1987 Sensen produziert wurden. In einem originalgetreu erhaltenen **Sensenwerk samt**

Mein Tipp

Die Gassel-Tropfsteinhöhle [N3]

Östlich des Traunsees 21 – nur ab Ebensee 24 zu erreichen – erstreckt sich der 1575 m hohe **Erlakogel.** In einem seiner Ausläufer, dem **Gasselkogel,** befindet sich die auf 1229 m Höhe gelegene **Gassel-Tropfsteinhöhle,** die mit einer Gesamtlänge von rund 6 km und einer Tiefe von bis zu 150 m zu den großen Höhlen Österreichs zählt. Aufgrund ihrer reichen Tropfsteingebilde gilt sie als schönste ihrer Art in den gesamten Nördlichen Kalkalpen. Besucher können einen Teil der Höhle im Rahmen einer ca. 50-minütigen **Führung** erkunden, wobei man auf gut befestigten Stiegen und Wegen bis zur eindrucksvollen **Kanzelhalle** vordringt. In der Höhle herrscht fast immer eine Temperatur von knapp 7 °C, weshalb **warme Kleidung** unbedingt empfohlen wird.

★97 **Gasselhöhle,** Karbertal, Tel. 0680 1127544, https://gasselhoehle.at, Ende Mai–Mitte Sept. Sa/So 9–16 Uhr, Führung 9 €, erm. 5 €

049ms-dk

Weltfernes Wanderparadies: der gänzlich naturbelassene Almsee

Museum erfährt man einiges zum Thema. Im Ort steht auch ein Schloss, das ein **Kriminalmuseum** birgt.

Weiter südwärts kommt man nach **Grünau**, bekannt durch die Konrad-Lorenz-Forschungsstelle der Universität Wien. **Konrad Lorenz** (1903–1989) war als Verhaltensforscher weltberühmt – z.B. für seine Studien über die Graugänse –, doch war er ein Verfechter der nationalsozialistischen Rassentheorie, weshalb sein Leben und Werk nicht kritiklos gesehen werden.

Ab Grünau erreicht man nach Osten hin per Mautstraße die Gebirgsregion um die **Hochbergalm** (1132 m) und den **Kasberg** (1747 m). Speziell für Familien mit Kindern mag außerdem der **Cumberland Wildpark** [O3] spannend sein: Auf einer Fläche von 60 ha leben rund 500 Tiere, darunter Bären, Wisenten und Wölfe.

Ganz im Süden des Almtals liegt der bereits erwähnte **Almsee** [O3], ein Kleinod der Superlative, der als Naturschutzgebiet ausgewiesen ist und den man leicht zu Fuß umrunden kann. Weiter östlich, in einem weltfernen Waldgebiet, laden die beiden **Ödseen** zu romantischen Spaziergängen ein.

› https://traunsee-almtal.salzkammergut.at
› **Waldness-Angebote:** https://traunsee-almtal.salzkammergut.at/waldness.html

98 Sensenmuseum Geyerhammer, Grubbachstr. 10, Scharnstein, Tel. 0650 3912720, www.sensenmuseum.at, Mai–Okt. Sa/So 10–12 u. 14–16 Uhr, Eintritt: 4 €, erm. 2,50 €

99 Kriminalmuseum im Schloss Scharnstein, Schloßberg 12, Scharnstein, Tel. 0664 3005677, https://scharnstein.kriminalmuseum.at, Mai–Okt. Sa/So 10–17, Juli/Aug. auch Do/Fr 10–17 Uhr, Eintritt: 9,90 €, erm. 4,90 €

★**100 Cumberland Wildpark**, Fischerau 12, Grünau im Almtal, Tel. 07616 8425, https://wildpark.at, April–Okt. tägl. 9–17, Nov.–März tägl. 10–16 Uhr, Eintritt: 12 €, erm. 6,50 €

Gastronomie

101 Forellenhof Wieselmühle €€-€€€, Landstr. 73, Grünau, Tel. 07616 8250, www.wieselmuehle.at. Großes Restaurant mit eigener Forellenzucht. Man sitzt auch im Gartenbereich höchst idyllisch.

102 Taverne Silmbroth €-€€, Viechtwang 23, Scharnstein, Tel. 07615 2254, https://silmbroth.at. Urige Taverne mit vielen Fleischgerichten auf der Speisekarte.

050ms-dk

26 Bad Ischl ★★★ [L4]

Die Briten haben Brighton, die Italiener Portofino, die Franzosen St. Tropez und die Österreicher Bad Ischl. Kaum eine andere Stadt der rot-weiß-roten Republik hat eine derartige Aura von Noblesse und Extravaganz wie der weltberühmte Kurort, der einst bei der k. u. k. Hofaristokratie und ihren vermögenden, teils kunstschaffenden Untertanen en vogue war und alljährlich im Sommer bevölkert wurde.

Mit 14.100 Einwohnern ist Bad Ischl die **größte Stadt des Salzkammerguts.** Über Jahrhunderte wurde hier **Salzabbau** betrieben. Der Wiener Arzt **Franz Wirer von Rettenbach** (1771–1844) erprobte zusammen mit dem Salinenphysikus Josef Götz die Wirkung von **Solebädern** und gründete 1823 das erste Ischler Heilsolebad. Kurz darauf stieg Ischl zu einem **Kurort** von europäischem Rang auf und zog namhafte Gäste aus nah und fern an.

Als **Blütezeit** des Ortes, zumindest in einem verklärt-nostalgischen Andenken an die „glorreiche" Kaiserzeit, werden die Jahre 1849–1914 gesehen, als Ischl die kaiserliche Sommerresidenz von Kaiser **Franz Joseph I.** und seiner Ehefrau **Elisabeth (Sisi)** war. Die beiden verlobten sich im damaligen **Seeauerhaus**, dem Hotel Austria, das heute das **Stadtmuseum** beherbergt. An jene Zeiten erinnert auch die wundervolle **Kaiservilla** mit dem **Kaiserpark**, in dem das **Marmorschlössl** – einst Sisis Teehaus und heute ein Fotomuseum – ein Blickfang ist.

051ms-dk

Südlich des Flusses Ischl erstreckt sich das Stadtzentrum, in dem die geräumige **Stadtpfarrkirche** sehenswert ist. Ihr gegenüber steht die **Trinkhalle**, ein Pavillon im klassizistischen Stil mit korinthischen Säulen, in dem heute der **Tourismusverband** (s. S. 56) untergebracht ist. Wenige Meter in östliche Richtung befindet sich das Kurhaus mit dem **Eurothermen Resort** (s. S. 116).

Etwas weiter nördlich steht das **Lehár-Theater**, benannt nach dem Komponisten **Franz Lehár** (1870–1948), der hier, ebenso wie Johann Strauss (Sohn), häufig dirigierte. Heute fungiert das Haus als Kino und Veranstaltungsort.

Westlich der Pfarrkirche breitet sich der elegante **Kurpark** aus, in dessen Mitte das **Kongress & TheaterHaus** steht, in dem u. a. alljährlich das **Lehár-Festival** stattfindet.

◁ *Im Cumberland Wildpark lassen sich Wisente bestaunen*

△ *In Bad Ischl fühlt man sich oft wie auf einer Zeitreise in die k. u. k. Zeit*

MEIN TIPP

Fernblick meets Sterneküche

Für einen einmaligen **Blick über Bad Ischl** 26 aus der Vogelperspektive sollte man sich auf den 599 m hohen **Siriuskogl** [L4] begeben. Der **Hausberg** der Kurstadt ist beliebtes Ausflugsziel, das man auf einem ausgeschilderten **Wanderweg** in knapp 20 Min. von der Esplanade aus erreicht.

Oben bietet sich die 1885 erbaute **Franz-Josephs-Warte** für den ultimativen Rundumblick an. Aber auch der Hunger kann hier gestillt werden, nämlich im vielfach ausgezeichneten **Gasthaus Siriuskogl**, in dem **Starkoch Christoph „Krauli" Held** den Kochlöffel schwingt und moderne österreichische Küche serviert.

105 Gasthaus Siriuskogl €€€, Sulzbach 70, Bad Ischl, Tel. 0660 7346302, https://siriuskogl.at, Mai–Jan. Mi–So 10–22 Uhr, Reservierung unbedingt empfohlen

052ms-sb

Südlich des Parks fließt die **Traun** dahin. Hier erstreckt sich die Uferpromenade namens **Esplanade**, die v.a. wegen des seit Kaiserzeiten ansässigen **Grand Cafés und Restaurants Zauner** (s. S. 57) berühmt ist. Jenseits der Traun beherbergt die **Lehár-Villa** ein Museum zum Lebenswerk des Musikers (www.leharvilla.at, **derzeit wegen Renovierungen geschlossen**). Ein Stück weiter südlich erhebt sich der Hausberg Bad Ischls, der **Siriuskogel** (s. links).

Gebirgig geht es auf der 1542 m hohen **Katrin-Alm** zu, die man von Bad Ischl aus per **Seilbahn** erreicht.

103 Kaiservilla, Jainzen 38, Tel. 06132 23241, www.kaiservilla.at, Mai–Sept. tägl. 9.30–17, April./Okt. tägl. 10–16.30 Uhr, Eintritt: ab 16 € (bzw. 21 € ab April 2023), erm. ab 7,50 €/9 € (Villa und Park)

104 Museum der Stadt Bad Ischl, Esplanade 10, Tel. 06132 25476, www.stadtmuseum.at, April–Okt., Dez. Mi 14–19 und Do–So 10–17, Jan.-März Fr–So 10–17 Uhr, Eintritt: 7,50 €, erm. 3 €

› **Programm Léhar-Theater:** www.vodclub.online/magazin/kino-lehartheater

› **Lehár-Festival:** www.leharfestival.at

› **www.kulturpfade-badischl.at:** Website des örtlichen Heimatvereins, die Aufschlussreiches zu Bauten, Denkmälern und Persönlichkeiten der Stadt verrät

› **Seilbahn zur Katrin-Alm:** www.katrinseilbahn.com, Berg- und Talfahrt 23 €, erm. 17 €

Infos und Reisetipps, Gastronomie

106 Tourismusverband Bad Ischl, in der Trinkhalle, Auböckplatz 5, Tel. 06132 27757, https://badischl.salzkammergut.at

Bad Ischl zeichnet sich durch sein urbanes Flair aus

107 Grand Café und Restaurant Zauner, Hasnerallee 2, Tel. 06132 23722, www.zauner.at. Traditionsreiches Café auf der Esplanade, in dem es die berühmten Ischler Oblaten und den daraus gefertigten Zaunerstollen gibt: zerkleinerte Oblaten, die mit nougatartiger Haselnuss-Schokolade vermischt, in eine Kuchenform gedrückt und mit Schokolade überzogen werden. Empfehlenswert sind ferner die Zaunerkipferl, die Ischler Törtchen und der Schratt-Gugelhupf.

108 k.u.k. Hofbeisl & k.u.k. Hofwirt€€, Wirerstr. 2–4, Tel. 0664 1528684, https://kukhofwirt.com. Dieses meist nur „Kuk" genannte Anwesen vereinigt eine Bar, eine Gastwirtschaft und eine Event-Location.

27 Bad Goisern ★★ [L5]

Das 7500 Einwohner zählende, liebliche Bad Goisern ist bekannt für seine vielfältigen kulturellen und sportlichen Veranstaltungen, aber auch für die hier gefertigten **Goiserer Bergschuhe** (mundartlich: „grobgnate Schua").

Erwähnenswert sind speziell das **Heimat- und Landlermuseum** sowie das **Erlebnismuseum Anzenaumühle (derzeit wegen Umbau geschlossen),** ein interessantes Freilichtmuseum. Beide Einrichtungen bieten aufschlussreiche Informationen zu den hiesigen Traditionen und der Geschichte der Region.

Das sich südlich anschließende **Steeg** schmiegt sich unmittelbar an das **Nordufer des Hallstätter Sees,** und zwar dort, wo dieser in die Traun abfließt. Hier befindet sich die **See-**

KURZ & KNAPP

Europäische Kulturhauptstadt Bad Ischl & Salzkammergut

2019 wurde Bad Ischl 26 mitsamt 23 Städten und Gemeinden des Salzkammerguts der Titel **„Kulturhauptstadt Europas 2024"** verliehen, gemeinsam mit Tartu in Estland und Bodø in Norwegen. Dies ist ein Novum, denn erstmals wurde nicht nur eine Stadt, sondern auch die **umliegende ländliche Region** berücksichtigt. Nach Graz (2003) und Linz (2009) ist es außerdem die dritte Verleihung an einen österreichischen Bewerber. Über die gesamte Region hinweg stehen dann zahlreiche Events in Form von **Workshops, Konzerten, Performances** u. v. m. auf dem Programm, bei denen sowohl die historisch verwurzelte als auch die zeitgenössische Kunst und Kultur Augenmerk und Gehör finden.

› **Infos:** www.salzkammergut-2024.at

053ms-dk

Beeindruckende Anlage: Die Seeklause in Steeg [L5] reguliert das abfließende Wasser des Hallstätter Sees

klause, eine hölzerne Konstruktion zur Wasserregulierung, die in ihrer Urform aus dem 16. Jh. stammt.

Wanderungen in der Umgebung führen ins **Tote Gebirge**, und zwar entweder auf die **Jochwand** (805 m) mit Aussichtswarte oder den auch bei **Kletterern** beliebten **Predigtstuhl** (1278 m) sowie auf die westlich davon gelegene **Ewige Wand** (1183 m), wo sich eine in den Fels gemeißelte Piste bei Gravel- und **Mountainbikern** großer Beliebtheit erfreut.

Interessant für Technikbegeisterte ist die im Weißenbachtal gelegene **Chorinsky-Klause**, ein zu Beginn des 19. Jh. erbautes Stauwerk, mit dessen Hilfe das Wasser des Weißenbachs für die Holztrift genutzt wurde – so transportierte man damals z. B. Brennholz von A nach B.

› www.bad-goisern.net

109 Heimat- und Landlermuseum, Kurparkstr. 10, Tel. 06135 7434, www.museum-goisern.at/heimatmuseum, Juni–Sept. Do–So 10–12 Uhr, Eintritt: 5 €, erm. 2,50 €

110 Erlebnismuseum Anzenaumühle, Anzenau 1, www.museum-goisern.at/anzenaumuehle, Tel. 0650 8710426, Anf. Mai–Anf. Sept., Zeiten s. Website, Eintritt: 5 €, erm. 2,50 €

Gastronomie, Einkaufen

111 Gasthaus Steegwirt €€, Au 12, Tel. 06135 8302, www.steegwirt.at. Eine hervorragende Auswahl lokaler Spezialitäten.

112 Der Goiserer, Untere Marktstr. 9, Tel. 0664 4643234, www.dergoiserer.at. Die perfekte Adresse für handgenähte Maßbergschuhe.

28 Hallstatt am Hallstätter See ★★★ [L6]

Das kleine Hallstatt wird zwar regelmäßig von Touristenscharen besucht, aber mit ein bisschen Planung kann man trotzdem in den Genuss dieses wundervollen Juwels kommen, ohne den großen Ansturm mitzuerleben – denn verpassen sollte man das vielleicht besterhaltene Örtchen des Salzkammerguts keinesfalls.

Keine 2 km sind es von Bad Goisern 27 bis zum Nordufer des **Hallstätter Sees.** Er besitzt eine Fläche von 8,5 km² und eine maximale Tiefe von 125 m und ist einer der meistbesuchten Seen des Salzkammerguts.

Weltweit bekannt und viel besucht: das kleine Hallstatt am Hallstätter See

054ms-sb

Gleichzeitig präsentiert er sich grundlegend anders als die umliegenden Badegewässer: Die **steilen Felshänge** und die abrupt abfallenden Ufer lassen ihn mitunter düster wirken.

Zum **Baden** lädt das Nordufer ein, wo z.B. in **Untersee** [L–M5] ein **Strandbad** lockt. Direkt am Seeufer liegen zwei Orte, nämlich **Obertraun** [M6] am Ostufer und das **weltberühmte Hallstatt.** Weltberühmt einerseits dank des Fundes eines Gräberfeldes aus der Eisenzeit im Jahr 1846, andererseits weil der kleine Ort wie kaum ein anderer sein historisches Erbe bewahrt hat. Leider hat diese „Fotoidylle" ihren Preis: Der gerade einmal 725 Einwohner zählende Ort hat bei jährlich bis zu 900.000 Besuchern mit dem **Problem des „Overtourism"** zu kämpfen. Hallstatt ist regelmäßig überlaufen, Busse und Autos mit Touristen aus aller Welt verstopfen Zufahrtsstraßen und Parkplätze, der örtliche Supermarkt verkauft nur noch Snacks und Souvenirs zu überteuerten Preisen und viele Besucher respektieren die Privatsphäre der Einheimischen nicht, da sie meinen, Hallstatt sei ein Freilichtmuseum. Seit Längerem versucht die Ortsverwaltung durch **Einfahrtslots** für Busse und eine **Mindestaufenthaltsdauer** die Situation etwas zu entschärfen. Dementsprechend ist es sinnvoll, möglichst früh oder ab dem späten Nachmittag nach Hallstatt zu kommen, wenn die Besucherströme noch nicht vor Ort sind oder bereits abnehmen.

Im Dorf selbst ist ein Spaziergang durch die malerischen Gassen an den steilen Hängen, am **Seeufer** und auf dem kleinen **Marktplatz** empfehlenswert. Etwas oberhalb davon thront die **Pfarrkirche** mit dem angeschlossenen Friedhof und dem „Karner" genannten **Beinhaus,** in dem 610 kunstvoll bemalte Totenschädel und Knochen von exhumierten Verstorbenen lagern. Im **Museum Hallstatt** lässt sich eine umfangreiche Sammlung von Fundstücken aus der **Hallstattkultur** (800–450 v. Chr.) bewundern.

Die Umgebung des Ortes ist wohl bereits seit 3500 Jahren für den Salzbergbau bekannt. Oberhalb von Hallstatt befindet sich das **Salzbergwerk,** in dem man Teile der Stollen besuchen kann: die **Salzwelten Hallstatt.** Hier kann man auch das lokale Salz kaufen. Hinauf gelangt man mit der **Standseilbahn.** Ebenda findet sich auch das erwähnte **prähistorische Gräberfeld** samt Ausstellung und ein **Skywalk,** der über dem See zu schweben scheint.

Wer das einzigartige See- und Bergpanorama vom Wasser aus erleben möchte, sollte eine **Schiffsrundfahrt** unternehmen.

M 113 Museum Hallstatt, Seestr. 56, Tel. 06134 8280, www.museum-hallstatt.at, Mai–Sept. tägl. 10–18, April u. Okt. tägl. 10–16, Jan.–März u. Nov./Dez. Mi–So 11–15 Uhr, Eintritt: 10 €, erm. 8 €

MEIN TIPP

Auszeit im Naturparadies Echerntal [L6]

Wer dem Instagram- und Selfiestick-Trubel in Hallstatt (28) entfliehen will, der sollte sich in das bezaubernde **Echerntal** aufmachen. Das schmale Tal, durch das der **Waldbach** fließt, liegt unmittelbar westlich des Ortes zwischen dem mächtigen Vorderen Hirlatz (1934 m) und der steilen Echernwand. Mehrere Wanderungen sind hier möglich (Dauer 1½–4 Std.), wobei die Hauptsehenswürdigkeiten der **Gletschergarten,** der **Ursprung des Waldbaches** und der sensationelle **Waldbachstrub-Wasserfall** sind.

🏛114 **Salzwelten Hallstatt,** Salzbergstr. 21, Tel. 06132 2002400, www.salzwelten.at, April–Anf. Nov. tägl. 9.30–16, Anf. Nov.–Jan. u. Mitte Feb./März tägl. 9.30–14.30 Uhr, Eintritt: ab 27 €, erm. ab 13,50 €, Kombitickets mit Bergbahn 40 €/20 €

› **Seerundfahrten:** ganzjährig Linienfahrten, im Sommer Rundfahrten, www.hallstattschifffahrt.at

Infos und Reisetipps, Gastronomie

ℹ115 **Tourismusbüro Hallstatt,** Seestr. 114, Tel. 05 9509530, www.hallstatt.net

🍴116 **Seehotel Grüner Baum** €€€, Marktplatz 104, Tel. 06134 82630, www.gruenerbaum.cc. Hier hat man die Qual der Wahl zwischen dem Kaiserstüberl, einem eleganten Restaurant aus dem 18. Jh. auf der Marktplatzseite, dem Salzbaron mit Seeblick oder der Seeterrasse unmittelbar am Ufer.

⌃ *Das Gosautal erstreckt sich am Fuße des majestätischen Dachsteinmassivs*

29 Gosautal ★★ [L5]

Das breite, inmitten der Bergwelt gelegene Gosautal ist der ideale Ausgangspunkt für zahllose Aktivitäten von entspannten Spaziergängen über anspruchsvolle Wanderungen bis hin zu abenteuerlichen Klettertouren. Besonders eindrucksvoll sind die weltfernen Gosauseen, die der deutsche Forschungsreisende Alexander von Humboldt (1769–1859) als „das Auge Gottes" bezeichnete.

Hauptort im **Tal des Gosaubaches** ist das weit gestreute **Gosau**, das etwa 15 km nordwestlich von Hallstatt 28 liegt. Von praktisch überall genießt man einen überwältigenden Panoramablick auf die den Ort umgebenden Berge des Dachsteinmassivs 30.

Ebenso wie Hallstatt war Gosau ein **Zentrum des Salzabbaus** (s. S. 44) und ähnlich wie manch andere Siedlung in der Gegend weist es – für Österreich recht untypisch – noch heute mit 71 % eine protestantische Bevölkerungsmehrheit auf. Gosau selbst zählt nur wenige Sehenswürdigkeiten, dafür ist es ein idealer Ausgangspunkt für die Erkundung der umliegenden Bergregion.

Vom Ort aus fährt man zunächst in südwestliche Richtung und gelangt so zum **Gosauer Stausee.** Folgt man dem Tal nach Süden, erreicht man den **Vorderen Gosausee** [K6], einen klaren Bergsee, in dem sich das Dachsteinmassiv spiegelt und der so für eine klassische Postkarten-Idylle sorgt. Vom Vorderen Gosausee führt die **Gosaukammbahn** hinauf zur **Zwieselalm** (1475 m), die verschiedene Wanderpfade und Klettersteige unterschiedlicher Schwierigkeitsgrade bereithält. Diese Gegend firmiert auch als **„Dachstein West“** und ist ebenfalls aus Salzburg erreichbar (s. S. 74).

Alternativ kann man vom See aus auf die großartige **Ebenalm** in 1157 m aufsteigen. Und auch am **Hinteren Gosausee** [L6] gute 3 km weiter südöstlich ist die wilde Alpinlandschaft einfach nur surreal schön.

› www.gosautal.net

› **Gosaukammbahn:** Mitte Mai–Anf. Nov. tägl. ab 8.15 Uhr, www.dachstein.at/de/sommer/bergbahnen/gosaukammbahn.html

30 Dachstein-Nordseite ★★★ [M6]

Schneebedeckte Gipfel, abgelegene Gletscher, verkarstete Hochplateaus und geheimnisvolle Höhlen: So vielfältig zeigt sich das Dachsteinmassiv. Hier gibt es Wanderrouten und Klettersteige in schwindelerregenden Höhen, aber auch familientaugliche Rundwege zu grandiosen Aussichtspunkten.

Die Gebirgsgruppe liegt im „Dreiländereck“ der Bundesländer Oberösterreich, Steiermark und Salzburg. Höchster Punkt dieses Teils der **Nördlichen Kalkalpen** ist der **Hohe Dachstein** mit 2995 m. Er liegt unmittelbar auf der Landesgrenze von Oberösterreich und der Steiermark und bildet den höchsten Berg beider Bundesländer. Doch auch zahlreiche weitere Gipfel ragen wie auf einer Kette aufgefädelt auf dem rund 810 km² großen Areal in die Höhe, von denen der **Torstein** (2948 m), der **Mitterspitz** (2925 m), der **Große Koppenkarstein** (2865 m) und der **Hohe Gjaidstein**

Nichts für schwache Nerven: die Plattform 5fingers auf dem Dachstein

056ms-dk

(2794 m) die höchsten sind. Es handelt sich um die flächenmäßig **größte Gletscherlandschaft** der besagten Nördlichen Kalkalpen. Alpenvereinshütten, ein vielfältiges Wanderwegenetz, Klettersteige, Paragleiter-Rampen und begehbare Höhlen erschließen das Dachsteinmassiv touristisch.

Auch für **Familien mit Kindern** ist ein Besuch spannend, finden sich doch hier Spielplätze, Streichelzoos u. v. m. Am Nordabfall des Dachsteins, also noch im Tal der Traun, lädt die **Koppenbrüllerhöhle** [M5] zu spannenden, familientauglichen Führungen ein. Von Obertraun am Hallstätter See aus führt die **Krippenstein-Seilbahn** zunächst zur Mittelstation an der **Schönbergalm** (1338 m), wo sich die Rieseneis- und die Mammuthöhle erkunden lassen. Die **Rieseneishöhle** kann im Rahmen einer einstündigen Führung besucht werden. Deren Hauptattraktionen sind die **Eiskapelle** mit ihren bizarren Kegeln und Domen und die **Gralsburg**, außerdem ist die Überquerung der **Hängebrücke** ein Erlebnis. Die **Mammuthöhle** zählt mit 67 km zu den längsten und bedeutendsten Höhlen in ganz Österreich, wobei Besucher auf einem Rundweg nur etwa einen Kilometer kennenlernen können.

Eine **zweite Seilbahn** (gleiches Ticket) führt weiter hinauf auf den **Krippenstein** (2100 m), wo speziell die **Welterbespirale** und **5fingers** – zwei sensationelle **Aussichtsplattformen** – die Besucher anziehen, aber auch diverse Rundwanderwege darauf warten, begangen zu werden. Eine weitere Seilbahn führt wieder leicht bergab auf die **Gjaidalm** (1738 m), die als Basis für verschiedenste Wanderungen auf der Hochfläche und bis an den Nordrand des Gletschers dient.

Wer die Attraktionen am **Südrand des Massivs** rund um den **Hunerkogel** erkunden möchte, der findet Infos bei Dachstein-Südseite mit Ramsau 37.

› www.dachstein.at
› **Krippenstein-Seilbahn:** Berg- und Talfahrt 35,30 €, erm. 19,40 €, https://dachstein-salzkammergut.com
› **Infos zu allen drei Höhlen:** https://dachstein-salzkammergut.com/de/sommer/unterirdisch
› **Koppenbrüllerhöhle:** Mai–Sept., Eintritt: 15 €, erm. 8,50 €
› **Rieseneis- und Mammuthöhle:** Anf./Mitte Mai–Anf. Nov., Kombiticket samt Berg- und Talfahrt 47 €, erm. 25,90 €

Mit dem Gleitschirm erlebt man den Dachstein 30 aus der Vogelperspektive

057ms-dk

Ausseerland und Schladming-Dachstein

Der südöstliche Teil des Salzkammerguts gehört zum Bundesland Steiermark und firmiert touristisch unter dem Namen „Ausseerland-Salzkammergut". Südlich davon erstreckt sich außerdem die Tourismusregion Schladming-Dachstein, die den steirischen Zugang zum Dachsteinmassiv darstellt.

Der Hauptort des Ausseerlandes ist **Bad Aussee** 31, das aber nicht an einem See, sondern am Zusammenfluss der Quellflüsse der Traun liegt. Die meisten Besucher dieser Region zieht die einzigartige Berglandschaft des **Naturschutzgebiets Totes Gebirge** an: Das Karstgebiet erstreckt sich über eine Länge von 155 km und erhielt seinen Namen wegen seiner weitgehenden Pflanzenarmut.

Südlich dieser Gipfel liegen mit dem tiefblauen **Altausseer See** mit dem gleichnamigen Kurort 32, dem von Wald umgebenen **Grundlsee** 33 und dem geheimnisumwobenen **Toplitzsee** [05] eine Reihe traumhafter Gewässer. Aktivurlauber begeben sich auf die idyllische **Tauplitzalm** 35, ein Hochplateau, das sich zwischen 1650 und 2000 m Höhe erstreckt.

Ganz im Süden der Region dominiert wiederum das **Dachsteinmassiv** 37 an der Grenze zu Oberösterreich und Salzburg, wobei die höchste Erhebung – der **Hohe Dachstein** mit 2995 m Höhe – direkt auf steirisch-oberösterreichischem Territorium liegt und von **Ramsau** aus erreicht werden kann. Egal ob Frühling, Sommer, Herbst oder Winter: In diesem Landstrich wird Natur- und Sportbegeisterten sowie Erwachsenen und Kindern viel geboten.

› https://ausseerland.salzkammergut.at
› www.schladming-dachstein.at

31 Bad Aussee ★★ [M5]

Im größten Ort des Ausseerlandes ist nach wie vor ein wenig von der Aura des k. u. k. Kurzentrums spürbar. Hier machte der fast 40-jährige Erzherzog Johann (1782–1859) der gerade einmal 15-jährigen Postmeisterstochter Anna Plochl 1819 völlig unstandesgemäß den Hof, durfte sie jedoch erst nach vielem Hin und Her im Jahr 1829 heiraten.

Der 5000 Einwohner zählende **Kurort** ist nicht nur das Zentrum des steirischen Salzkammerguts, sondern bildet auch den **geografischen Mittelpunkt Österreichs.** Ab der zweiten Hälfte des 19. Jh. trafen sich in Bad Aussee die Mitglieder der feinen Ge-

Ideal für eine entspannte Pause: der Kurhausplatz in Bad Aussee

059ms-dk

sellschaft und des Bürgertums aus Wien und dem Rest der k. u. k. Monarchie zur Sommerfrische. Vieles erinnert noch an jene Zeit und man kann dem Ort ein gewisses Flair nicht absprechen. Es ist eine wahre Freude, durch die schöne Innenstadt zu wandeln und die herrschaftlichen Bürgerhäuser – darunter das stattliche **Meranhaus** (Meranplatz 37) – zu bewundern, um anschließend im **Kurpark** eine Verschnaufpause einzulegen. Im Park liegt der Zusammenfluss von Altausseer und Grundlseer Traun. Genau an dieser Stelle befindet sich eine runde Fußgängerbrücke in Form eines Mercedes-Sterns.

Im **Kammerhof** aus dem 14. Jh. ist ein interessantes **Heimatmuseum** untergebracht, in dem man viel über den Salzabbau (s. S. 44), das lokale Brauchtum und die eingangs erwähnte Liebesgeschichte erfährt.

M 117 **Kammerhofmuseum (Bad Aussee),** Chlumeckyplatz 1, Tel. 0676 83622520, www.kammerhofmuseum.at, Mitte Juli–Mitte Sept. tägl. 10–17, Mitte April–Mitte Juli u. Mitte Sept.-Okt. Di–Fr, So 10–13 Uhr, sonst Führungen auf Anfrage, Eintritt: 7 €, erm. 3 €

Infos, Gastronomie, Einkaufen

i 118 **Informationsbüro Bad Aussee,** Ischler Str. 94, Tel. 03622 52323, https://ausseerland.salzkammergut.at

119 **Ausseer Stube** €-€€, Hauptstr. 151, Tel. 0664 9953372. Die erste Adresse in Bad Aussee für lokale Schmankerln.

120 **Kurcafé-Konditorei Lewandofsky-Temmel,** Kurhausplatz 144, Tel. 03622 53013, www.temmel.com. Traditionelles Kaffeehaus mit zahlreichen Mehlspeisen, Torten, Eis und kleinen Gerichten.

121 **Rastl Gwand,** Meranplatz 39, Tel. 03622 53278, www.rastl.info. Hochwertige, maßgefertigte Trachten im typischen Stil des Altausseerlandes.

32 Altaussee ★★ [M5]

Ein wenig scheint im altehrwürdigen Kurort mit seinem traditionsreichen Strandbad vor bezauberndem Gebirgspanorama die Zeit stehen geblieben zu sein. Vieles erinnert noch an jene Epochen, als die Adligen und Kunstschaffenden aus Wien hier ihre Sommermonate verbrachten.

Lediglich 5 km nördlich von Bad Aussee 31, in etwa 700 m Höhe, liegt das durch sein erhaltenes Bauensemble äußerst pittoreske Altaussee am **Ufer des gleichnamigen Sees** vor der imposanten Bergkulisse des 1837 m hohen Gipfels des **Loser** (s. S. 65). Der kahle Berg ist Teil der im westlichsten Abschnitt des Toten Gebirges gelegenen Schönberg-Gruppe.

Künstler aller Sparten hat Altaussee inspiriert, woran der **Wanderweg Via Artis** erinnert. Es gibt außerdem ein **Literaturmuseum** im Ort und wer sich für die Geschichte des Salzabbaus (s. S. 44) interessiert, der sollte dem **Rundwanderweg Via Salis** folgen und eine Stippvisite im **Schaubergwerk Salzwelten** (nur mit Führung) einlegen. Im Bergwerk versteckten übrigens die Nazis **geraubte Beutekunst** aus ganz Europa, bis das Lager im Mai 1945 von Angehörigen der US-Armee entdeckt wurde und diese danach mit der Rückgabe der rund 4700 Kunstwerke an die Beraubten begannen.

Den **Altausseer See** kann man zu Fuß umrunden oder auf einem **Solarschiff** vom Wasser aus erleben. Wer hingegen lieber selbst in die „Fluten" springt, der sollte sich in den kostenlos zugänglichen **Seepark** begeben.

Baden und Bootfahren in einzigartiger Natur: Auf zum Grundlsee!

- www.altaussee.at, www.loser.at
- **Via Artis:** www.salzkammergut.at/oesterreich-tour/detail/430006202/via-artis-altaussee.html

122 Literaturmuseum Altaussee, Fischerndorf 61, Tel. 0664 4441069, www.literaturmuseum.at, Juli–Sept. Mo–Sa 10–12 u. 14.30–18, Okt. Mo–Sa 10–12 u. 14.30–17, Nov.–Juni Mo–Sa 14.30–17 Uhr, Eintritt: 4 €, erm. 3 €

- **Via Salis:** www.steiermark.com/de/Ausseerland-Salzkammergut/Urlaub-planen/Touren/Via-Salis-Wandern-auf-den-Spuren-des-Salzes_tour_1430751

123 Schaubergwerk Salzwelten, Lichtersberg 25, Tel. 06132 2002400, www.salzwelten.at/de/altaussee, Führungen April–Anf. Nov. tägl. 9, 11, 13 und 15 Uhr, Juli–Mitte Sept. stündlich, Sonder- und Kinderführungen auf Anfrage, Eintritt: 22 €, erm. 11 €

- **Rundfahrten auf dem Altausseer See:** von Ostern bis Oktober, www.altausseeschifffahrt.at

124 Seewiese €€, Fischerndorf 77, Tel. 03622 71205, www.seewiesealtaussee.at. Herausragende Jausenstation mit lokalen Schmankerln am Ostufer des Sees, allerdings nicht mit dem Auto erreichbar.

MEIN TIPP

Einkehr im Schatten des Loser

Auf einer **mautpflichtigen Panoramastraße** erreicht man ab Altaussee 32 die **Loser-Alm,** ein sympathisch-unprätentiöses Bergrestaurant, das etwa 230 m unterhalb des **Loser-Gipfels** [M4] gelegen ist und dank seiner großen Sonnenterrasse mit herrlichem Panoramablick zur Einkehr einlädt. Ab dem Parkplatz sind verschiedene **Wanderungen** möglich, auch **Kletterer** und **Paragleiter** bzw. **Drachenflieger** kommen hier auf ihre Kosten.

125 Loser-Alm Bergrestaurant €-€€, Fischerndorf 181, Altaussee, Tel. 0676 878132-60/-61, www.loseralm.at

33 Grundlsee ★★ [N5]

Östlich von Bad Aussee 31 liegt der lang gezogene Grundlsee inmitten eines Tals, umgeben von dicht bewaldeten Berghängen. Traditionelle Holzhäuser herrschen hier vor, von Massentourismus keine Spur. Vielerorts ist freies Baden vor traumhafter Bergkulisse möglich.

060ms-dk

MEIN TIPP

Wanderung zum geheimnisvollen Toplitzsee

Östlich des Grundlsees 33 erstreckt sich der idyllische **Toplitzsee** [O5], der sich im Rahmen eines entspannten, rund 30-minütigen Spaziergangs erreichen lässt. Über den See kann man mit einer **Plätte** – dem lokalen Gegenstück zur venezianischen Gondel – fahren.

Im 103 m tiefen Toplitzsee sollen in der Endphase des Dritten Reiches **Goldreserven** der Nationalsozialisten, Hinweise zu Nummernkonten, gefälschte britische Banknoten und Kunstgegenstände versenkt worden sein. Gefunden wurde allerdings nie etwas! „Schatzsucher" seien gewarnt: Bei ihren Expeditionen sind schon mehrere Taucher in den **heimtückischen Tiefen** des Sees umgekommen.

Vom Toplitzsee kann man zum noch weiter östlich gelegenen kleinen **Kammersee** [O4] weiterwandern, wo der Ursprung der Traun liegt.

› www.toplitzsee.at

127 Fischerhütte am Toplitzsee €€, Gößl 172, Tel. 03622 8296. Uriges Restaurant direkt am Toplitzsee. Die hiesige Spezialität ist gebratener Saibling.

Der Grundlsee hat eine Gesamtlänge von 5,7 km, eine Breite von 900 m und eine maximale Tiefe von 64 m und ist somit der **größte See der Steiermark.** Die beiden Hauptorte sind die ebenfalls **Grundlsee** genannte Ortschaft am Nord- und Westufer und **Gößl** am Ostufer.

In der Saison verkehren **Linien- und Ausflugsschiffe**, es gibt Verleihstationen für Elektroboote, jeweils einen Ruder-, Surf- und Jachtclub sowie zwei **Naturbadestrände.** Auch **Taucher** fühlen sich hier wohl und finden eine geeignete Infrastruktur.

Gößl ist Ausgangsort für anspruchsvolle **Wanderungen** in der **Prielgruppe**, einem Abschnitt des Naturschutzgebiets Totes Gebirge – empfehlenswert ist etwa die Tour zu den reizvollen **Lahngangseen.**

› www.grundlsee.at

› **Rundfahrten:** Ende April–Okt., https://schifffahrt-grundlsee.at

126 Gasthaus Rostiger Anker €€, Gößl 206, Tel. 03622 8268, www.rostiga-anker.at. Gemütliches Gasthaus am Grundlsee mit großer Terrasse.

34 Bad Mitterndorf ★★ [O5]

Von Bad Aussee 31 sind es knapp 15 km bis in den **Kurort** Bad Mitterndorf, der im **Hinterberger Tal** zu Füßen des Grimming (2351 m) und des Kammspitz (2139 m) liegt.

Das kleine Ortszentrum, durch das die Salza fließt, ist hübsch anzusehen. Angesichts des vernünftigen Angebots an Hotels, Pensionen und Ferienwohnungen eignet sich Bad Mitterndorf auch ideal als **Standort für Touren** in die Umgebung. Das hiesige Thermalwasser genoss bereits zur Zeit der Römer einen hervorragenden Ruf. Heute kann man in der **Grimmingtherme** (s. S. 116) Erholung und Entspannung „tanken".

Wer baden möchte, sollte sich an den geruhsamen **Ödensee** [N5] westlich von Bad Mitterndorf begeben, in dessen **Hochmoor** auch Spaziergänge möglich sind. Das Ufer des lang gezogenen **Salzastausees** [O6] südlich von Bad Mitterndorf eignet sich besonders gut für Ausflüge mit dem Fahrrad.

› https://gemeinde.bad-mitterndorf.at

Wanderparadies Tauplitzalm, hier mit Blick auf den Sturzhahn (2028 m)

Gastronomie

128 Goaß-Hitt'n €-€€, Neuhofen 19/1, Bad Mitterndorf, Tel. 0664 5058220, https://goasshittn.at. Most- und Jausenstation am Ende des sog. Barfußwegs.

129 Knödl-Alm €-€€, Knoppen 3, Bad Mitterndorf, Tel. 03624 21132, www.urig.at. Traditionsgasthaus mit lokalen Spezialitäten.

130 Kohlröserlhütte (Genuss am See) €€-€€€, Ödensee 144, Bad Aussee, Tel. 03624 213, www.genussamsee.com. Direkt am Ödensee gelegene Gaststätte, in der beste regionale Zutaten zu hervorragenden Leckerbissen verarbeitet werden.

35 Tauplitzalm ★★★ [05]

Auf einer Fläche von etwa 5 km² bildet das Seenhochplateau im Südosten des Toten Gebirges ein wahres Eldorado für Bergsportler und Naturliebhaber. Etliche Wanderrouten führen entlang der sechs hier oben liegenden kristallklaren Seen und über Almwiesen, die im Frühling und Sommer für ihren erlesenen Blütenrausch und im Herbst wegen der goldschimmernden Lärchen berühmt sind.

Unzählige Urlauber kommen in die Gegend südöstlich des Grundlsees 33, um die eindrucksvolle Tauplitzalm in 1650 bis 2000 m Höhe zu besuchen, das **höchstgelegene Seenhochplateau Mitteleuropas.**

Man erreicht die Alm entweder über eine **mautpflichtige Straße** (Pkw ab 13 €, Motorrad 6,50 €) östlich von Bad Mitterndorf 34 oder ab dem Ort **Tauplitz** per **Vierer-Sessellift.** In der warmen Jahreszeit kommen Besucher zum Wandern, Biken oder Klettern auf die Alm. Besonders empfehlenswert ist die **Sechs-Seen-Wanderung.** Mehrere **Berghütten** laden unterwegs zur Einkehr ein. Einmalig ist das Gebiet, wenn zwischen Mai und August zeitversetzt Nieswurz, Enzian, Kugelblumen und Steinnelken blühen.

Im **Winter** ist die Alm ein attraktives Ziel für Winterwanderungen, zum Rodeln oder Langlaufen. Außerdem lockt hier die **Kulmschanze,** eine natürliche Skiflugschanze, auf der alle zwei Jahre das **Kulmspringen** stattfindet.

Nur Könnern empfohlen sei der **Klettersteig „Gamsblick"** auf den **Traweng** (1981 m) oder der 2351 m hohe **Grimming** [06], ein isolierter Gebirgsstock, der vom Tauplitzer Ortsteil Klachau aus bestiegen werden kann.

› www.dietauplitz.com
› **Sessellift zur Tauplitzalm:** ca. Mitte Juni – Anf. Sept., Berg- und Talfahrt 18 €, erm. 11 €
› **Sechs-Seen-Wanderung:** www.dietauplitz.com/de/sommer/6-bergseen-wanderung.php
› **Kulmspringen:** www.wirsindkulm.at

061ms-lm

MEIN TIPP

Abenteuerpark Gröbming und Steirischer Bodensee

Auf dem Weg nach Schladming 36 bietet sich ein Zwischenstopp in der Region **Gröbming** [N7] an. Unweit des Ortes, der im Schatten des gewaltigen, zum Dachsteinmassiv 37 gehörenden **Stoderzinken** (2048 m) liegt, befindet sich der **Abenteuerpark Gröbming**, ein Wald-Kletterareal mit 18 Parcours.

Fährt man von Gröbming aus weiter nach Südwesten, kommt man nach rund 12 km nach **Gössenberg**, von wo ein **Wanderweg** durch das **Seewigtal** bis an den **Steirischen Bodensee** [N8] führt. Dieser 7,9 ha große See liegt idyllisch inmitten des Naturschutzgebietes Sattenbachtal, flankiert von den bewaldeten Berghängen der Schladminger Tauern. Das Ufer lädt zu einem entspannten Spaziergang ein (keine Badestelle), im **Gasthof Forellenhof** mit überdachter Terrasse kann man einkehren. Hier gibt es fangfrische Forellen aus eigener Zucht.

- **131 Abenteuerpark Gröbming**, Stoderstr. 114, Tel. 03685 22245, www.abenteuerpark.at, Juli–Mitte Sept. tägl. 10–18, Mai u. Juni Mi–So 10–18, Mitte Sept.-Okt. Mi–Fr 12–17, Sa/So 10–17 Uhr, Eintritt: 25 €, erm. 19 €
- **132 Gasthof Forellenhof** €€, Seewigtal 41, Aich, Tel. 03686 4697, www.forellenhof-bodensee.at

36 Schladming ★★ [M7]

Schladming wurde im 12. Jh. erstmals urkundlich erwähnt und durch den Abbau von Blei, Cobalt, Kupfer, Nickel und Silber reich, lange bevor sich der **Tourismus** zur wichtigsten Einnahmequelle entwickelte. Als sich 1524–1526 im Zuge der Reformation die Bergleute an den **Bauernaufständen** gegen die Salzburger Obrigkeit beteiligten, ließ Erzherzog Ferdinand I. (1503–1564) die Stadt fast völlig zerstören. Deshalb stammen die **historische Altstadt** mitsamt dem Salzburger Tor neben der Pfarrkirche und die Reste der Stadtbefestigung aus dem 17. Jh.

Interessant ist, dass in Schladming, ebenso wie in der gesamten Region, der **Protestantismus** relativ prägend geblieben ist: So gehören heute etwa 34 % der 6600 Einwohner dieser Konfession an.

Schladming präsentiert sich Gästen als viel frequentierter Urlaubsort. Das nette Zentrum entlang des lang gezogenen, verkehrsberuhigten Hauptplatzes macht einen adretten Eindruck. In puncto Mode ist der Ort für seine hochwertigen Textilien aus **Loden** – durch Walken bearbeitete Schafwolle – bekannt, die man etwa bei **Steiner 1888** erwerben kann.

Südöstlich von Schladming erstrecken sich die **Schladminger Tauern**, von denen die **Planai** [M8] (1906 m) die bequemste Option ist, um in den Genuss eines Panoramablicks auf den Dachstein 37 zu kommen. Hier kann man außerdem erlebnisreiche **Wanderungen** oder **Mountainbike-Touren** über mehrere Trails des Bikeparks Schladming unternehmen. Man erreicht den Gipfel über die Mautstraße (pro Befahrung 14,50 €) oder per **Seilbahn**. Im **Hopsiland** mit Kletterparcours erleben Kinder Spaß.

- › www.schladming.com, www.schladming-dachstein.at
- › **Seilbahn zur Planai:** www.planai.at, ganzjährig in Betrieb, Berg- und Talfahrt ab 14 €, erm. Ab 7,50 €
- **133 Steiner 1888**, Hauptplatz 16, Tel. 03687 23255, https://steiner1888.com. Die perfekte Adresse für Schladminger Loden.

Infos, Gastronomie, Einkaufen

134 **Infobüro Schladming,** Rohrmoosstr. 234, Tel. 03687 2277722

135 **Stadtbräu** €, Siedergasse 89, Tel. 0664 5179620, www.stadtbraeu-schladming.com. Braugasthof und Wirtshaus zugleich mit angenehmer Terrasse.

136 **Heimatgold (Schladming)**, Coburgstr. 49, Tel. 03687 22505350, www.heimatgold.at. Exquisite Feinkost aus der Region, von Wein über Chutney bis hin zu Kaffee und Teigwaren, dazu Wurst, Käse und Bauernbrot. Weitere Filiale in Zell am See (s. S. 93).

37 Dachstein-Südseite mit Ramsau ★★★ [M7]

Ganz im Nordwesten der Steiermark, an der Grenze zu Oberösterreich und Salzburg, dominiert das Dachsteinmassiv die Landschaft. Der südliche Zugang befindet sich bei dem Ort Ramsau und liegt unmittelbar an den höchsten Gipfeln des Massivs. Ähnlich wie an der oberösterreichischen Nordflanke 30 wird hier Natur- und Sportbegeisterten, Erwachsenen und Kindern gleichermaßen viel geboten.

Nordwestlich von Schladming 36 liegt in 1135 m Höhe die fast 2900 Einwohner zählende Gemeinde **Ramsau am Dachstein,** die meist nur „die Ramsau" genannt wird. Mit etwa 6500 Gästebetten ist sie die **größte Tourismusgemeinde der Steiermark** – und eine der wenigen mehrheitlich protestantischen (70 %) in Österreich.

Als Streusiedlung liegt Ramsau am Rande eines **Hochplateaus,** das sich bis auf eine Höhe von 1700 m zieht und unmittelbar an die Südwände des Dachsteinmassivs grenzt. Das **prächtige Bergpanorama** besteht von Westen nach Osten aus dem Torstein, dem Mitterspitz, dem **Ho-**

MEIN TIPP

Wilde Wasser: Bergtouren für alle Sinne

Um die **Hochwurzen** [M8] (1850 m) erstrecken sich drei parallel verlaufende Täler in Richtung Süden, die von Ost nach West **Untertal, Obertal und Preuneggtal** heißen. In diesem als **„Wilde Wasser"** firmierenden Areal gibt es einige faszinierende Naturdenkmäler mitsamt zig verschiedenen Seen – wie dem **Riesachsee,** dem **Duisitzkarsee** und dem viel fotografierten **Spiegelsee** –, einer legendären **Hängebrücke** und dem **Riesachwasserfall.**

› www.wildewasser.at

Die Gletscherbahn bringt Urlauber von Ramsau aus auf den Dachstein

062ms-dk

hen **Dachstein** [L6–7] (2995 m), den Dirndln, dem **Hunerkogel** (2700 m), dem Koppenkarstein, der Scheichenspitze, dem Sinabell, der Luserwand, dem Kufstein und dem Stoderzinken.

Von Ramsau aus erreicht man den Dachstein mit der **Dachstein-Gletscherbahn**, die in rund 10 Min. von der **Türlwandhütte** auf den besagten Hunerkogel fährt. Eine der beiden Gondeln verfügt über einen **Panorama-Balkon** – Cabrio-Nervenkitzel garantiert. Auf dem Hunerkogel begeistern die sensationelle Aussichtsplattformen in schwindelerregender Höhe wie der **Skywalk** und die 100 m lange **Hängebrücke** mitsamt der **„Treppe ins Nichts“**. Sehenswert ist ferner der **Eispalast** mit seinen mystischen Skulpturen aus Eis und Schnee. Auch eine **Wanderung** am Rand des Gletscherfeldes ist möglich.

Ein beliebter Ausgangsort für **Wanderungen** auf der steirischen Südflanke ist die **Glösalm** auf 1571 m Höhe. Von dort kann man zum Beispiel über die **Brandalm** bis zur **Austriahütte** mitsamt dem **Dachsteinmuseum** weiterwandern.

Wer es noch hochalpiner mag, der kann bis zur **Dachstein-Südwand-Hütte** (1910 m) aufsteigen, die sich bereits auf dem Bergplateau befindet. Sehr beliebt ist das Gebiet auch wegen seiner **Klettersteige.**

› https://gemeinde.ramsau.at, www.schladming-dachstein.at
› **Gletscherbahn auf den Dachstein:** www.derdachstein.at, ganzjährig in Betrieb, Berg- und Talfahrt 44 €, erm. 22,50 € inkl. aller Attraktionen der Dachstein-Gletscherwelt (Skywalk, Eispalast etc.)
› **Glösalm:** www.gloesalm.at
› **Brandalm:** www.brandhof.com
› **Austriahütte:** www.austriahuette.at
› **Klettersteige:** www.alpincenter-dachstein.at

Tennengau

Der Tennengau ist mit einer Fläche von 668 km² zwar der kleinste der fünf Salzburger Gaue, doch kann er als historisches Kernland des Bundeslandes bezeichnet werden, denn hier ließen die Erzbischöfe das namensgebende „weiße Gold“ abbauen (s. S. 44). Neben Zeugnissen vergangener Jahrhunderte bietet die Region auch einzigartige Landschaften, die zu jeder Jahreszeit erlebnisreiche Aktivitäten ermöglichen.

Südlich und südöstlich von Salzburg erstreckt sich der Tennengau, der sich mit Berggipfeln über 2000 m Höhe äußerst **alpin** präsentiert. Er ist deckungsgleich mit dem **Bezirk Hallein** und wird im Süden durch das Tennengebirge (s. S. 77), im Osten durch den Hohen Dachstein (2995 m) mitsamt dem Gosaukamm sowie im Westen durch den Hohen Göll (2522 m) flankiert.

Die Region verfügt über ein ausgesprochen reiches Angebot an Attraktionen, darunter mehrere Überbleibsel der jahrhundertelangen Salzgewinnung und des Salzhandels. So erhalten Besucher u. a. in **Hallein** 39 und den nahen **Salzwelten Bad Dürrenberg** 40 Einblick in die Bedeutung des kostbaren Gewürzes, das über gut 800 Jahre der Quell des Reichtums der Erzbischöfe war.

Unternehmungslustige und sportliche Zeitgenossen finden in und um **Abtenau** 42 ein breites Angebot von Aktivitäten an Land, zu Wasser und in der Luft, während die östlich davon liegenden Bergregionen, allen voran die westlichen Hänge des **Dachsteinmassivs**, zu ausgiebigen **Wanderungen und Klettertouren** einladen. Unbekannter ist das sich historisch präsentierende **Golling** 41, in dessen

Umgebung ein beeindruckender Wasserfall und weitere Naturschauspiele locken.

› www.tennengau.com

38 Untersberg ★ [G4]

Grödig [H4], kaum 5 km südlich von Salzburg noch im Flachgau gelegen, ist der klassische Ausgangsort für Unternehmungen rund um den 1973 m hohen **Untersberg.** Dieser äußerst schroffe Berg mit seiner Karsthochfläche und seinen unzähligen **Höhlen** hat eine Ausdehnung von etwa 70 km² und ist ein Paradies für **Wanderer.** Er liegt zu einem Drittel in Österreich, während der Rest zu Bayern gehört.

Die **Bergstation** auf 1776 m Höhe erreicht man am einfachsten mit der **Untersbergbahn** ab St. Leonhard. Von hier lassen sich die drei Gipfel Berchtesgadener Hochthron (1973 m), Salzburger Hochthron (1853 m) und Geiereck (1806 m) auf **Rundwegen** erwandern. Auch geübte **Kletterer** und **Paragleiter** kommen auf ihre Kosten. Außerdem kann man der in Bayern gelegenen, gigantischen **Schellenberger Eishöhle** einen Besuch abstatten.

Westlich von Grödig, in der Umgebung von Großgmain, lockt das interessante **Salzburger Freilichtmuseum,** ein 50 ha großes Areal, das sich dem bäuerlichen Leben des Bundeslandes widmet. Zu sehen sind historische Höfe, landwirtschaftliche Tätigkeiten und Handwerkskünste.

› www.groedig.net

› **Untersbergbahn:** ganzjährig in Betrieb (nur Herbstrevision), www.untersbergbahn.at, Berg und Talfahrt 28 €, erm. 14,50 €

★ **137 Schellenberger Eishöhle,** Salzburger Str. 38, Marktschellenberg, Tel. +498650984560, https://eishoehle.net, nur per Führung (45 Min.), Juni–Okt. tägl. zur vollen Stunde 10–15, Juni–Sept auch 16 Uhr, Eintritt: 9,50 €, erm. 5 €

138 Salzburger Freilichtmuseum, Hasenweg 1, Großgmain, Tel. 0662 850011, www.freilichtmuseum.com, Juli/Aug. tägl. 9–18, Ende März–Juni u. Sept.–Mitte Okt. Di–So 9–18, Mitte Okt.–Anf. Nov. Di–So 9–17 Uhr, Eintritt: 12 €, erm. 6 €

139 Grüll Bistro €€, Neue-Heimat-Str. 13, Grödig, Tel. 06246 75492, www.gruell-salzburg.at. Hier gibt es Fischspezialitäten aus eigener Zucht.

39 Hallein ★★ [H4]

Kaum 10 km sind es von Salzburg bis nach Hallein, der Bezirkshauptstadt des Tennengaus, die verkehrsgünstig an der Autobahn A10 gelegen ist. Mit rund 21.400 Einwohnern ist Hallein die zweitgrößte Stadt des Bundeslandes und Zentrum eines industrialisierten Ballungsraums am Ufer der Salzach.

Halleins **Siedlungsgeschichte** ist eine der ältesten Österreichs, denn schon die **Kelten** bauten in der Umgebung Salz ab. Im Mittelalter wurde die Stadt durch das Geschäft mit dem „weißen Gold“ (s. S. 44) reich. Erst 1989 legte man die Saline auf dem Dürrnberg wegen Unrentabilität still – importiertes Salz war nun endgültig billiger. Doch Hallein konnte sich erfolgreich als Industrie-, Bildungs- und Kulturstandort bewähren.

Die weitestgehend verkehrsberuhigte **Altstadt** spiegelt mit ihrem von Barock und Rokoko geprägten Bauensemble noch immer den Wohlstand vergangener Jahrhunderte wider, speziell rund um den **Oberen Markt** mit seinen schmucken Cafés und Boutiquen. Sehenswert sind die **Pfarrkir-**

MEIN TIPP

Wiestalstausee und Almbachklamm

Etwa 12 km nördlich von Hallein 39 erstreckt sich der 120 ha große **Wiestalstausee** [I4], an dem geangelt wird und freies Baden möglich ist. Auch das in den Jahren 1909 bis 1913 erbaute **Speicherkraftwerk** lohnt einen Blick. Südlich davon verläuft der **Almbach** durch die gleichnamige **Klamm**, die sich besonders bei Fans des **Canyoning** großer Beliebtheit erfreut.

› www.rafting.at/canyoning-salzburg/almbach.html

› www.canyoning-salzkammergut.at/de/canyoning-salzburg/almbachklamm

063ms-dk

Das Rathaus von Hallein mit seinen schmucken Fassadengemälden

che, in deren unmittelbarer Nähe es außerdem ein **Stille-Nacht-Museum** (s. S. 35) gibt, und das **Rathaus.**

Wer auf der **Pernerinsel** inmitten der Salzach spazieren geht, kann noch die **Alte Saline** aus dem 19. Jh. in Augenschein nehmen, in der heute Kulturveranstaltungen stattfinden. Das ehemalige Salinenverwaltungsgebäude beherbergt mittlerweile ein preisgekröntes **Keltenmuseum,** das sich der vorchristlichen Vergangenheit der Region widmet.

Die **Hausberge** Halleins sind die markanten und von der Innenstadt aus deutlich erkennbaren Zwillinge **Großer** (851 m) und **Kleiner Barmstein** (841 m), die sich auf einem steilen Höhenweg erwandern lassen.

140 Keltenmuseum Hallein, Pflegerplatz 5, Tel. 06245 80783, www.keltenmuseum.at, tägl. 9–17 Uhr, Eintritt: 8 €, erm. 6,50 €. Wer ein Ticket der Salzwelten Bad Dürrnberg 40 hat, bekommt hier 20 % Rabatt.

Infos und Reisetipps, Gastronomie

141 Tourismusverband Hallein, Mauttorpromenade 6 (Pernerinsel), Tel. 06245 85394, www.hallein.com

142 Gasthof Hohlwegwirt €€, Salzburger Str. 84, Tel. 06245 824150, www.hohlwegwirt.at. Klassisches Wirtshaus mit hübschem Gastgarten.

143 Hofbräu Kaltenhausen €-€€, Salzburger Str. 67, Tel. 06245 80233, www.kaltenhausen.at. Zünftiges Bräustüberl, das zu der beliebten Hofbräu-Brauerei gehört.

40 Salzwelten Bad Dürrnberg ★★ [H5]

Rund 6,5 km südlich von Hallein 39 liegt **Bad Dürrnberg,** wo die Salzwelten viele Besucher anlocken. Dieses **Schaubergwerk** mit zu begehendem

Schacht, einer Rutsche, einem unterirdischen Salzsee und reichlich Wissenswertem zum Thema Salzabbau ist unbedingt einen Ausflug wert.

Ebenso sehenswert ist das **Keltendorf Salina,** das anschaulich aufzeigt, wie die vermutlich ersten Siedler der Gegend hier lebten und arbeiteten.

Südlich von Bad Dürrnberg erstreckt sich um den **Zinkenkogel** (1336 m) ein kleines Wandergebiet, das man per **Doppelsessellift** erreicht und wahlweise auf dieselbe Weise oder per **Sommerrodelbahn** wieder in Richtung Tal verlässt.

Erholungsbedürftige relaxen in der **Heiltherme Bad Vigaun** (s. S. 116).

› **Salzwelten Salzburg,** Ramsaustr. 3, Tel. 06132 2008511, www.salzwelten.at, April–Okt. tägl. 9–17, Nov.–Anf. Jan. tägl. 9–15 Uhr, Eintritt: 30 €, erm. 15 €

M **144 Keltendorf Salina,** Lettenbühel 4, Tel. 06132 2008511, www.keltenmuseum.at/standorte/keltendorf-salina, April–Okt. tägl. 9–17, Nov.–Anf. Jan. tägl. 9–15 Uhr, Eintritt: 5 €, erm. 2,50 € (mit Salzwelten-Ticket gratis). Gehört zum Keltenmuseum Hallein (s. S. 72), wird aber von den Salzwelten Salzburg verwaltet und betrieben.

› **Doppelsessellift:** https://duerrnberg.at, ab 13,20 €, erm. 9 €

41 Golling ★★ [I5]

Das dank seiner **Bürgerhäuser** stolz wirkende Golling liegt rund 10 km südlich von Hallein 39. Das Städtchen wird v. a. wegen seiner mitten im Ort emporragenden **Trutzburg** aus dem 13. Jh. besucht, in der ein spannendes **Museum** untergebracht ist, inklusive einer **Fossiliensammlung** mit einem 235 Mio. Jahre alten versteinerten Meeressaurier.

Golling liegt am nördlichen Fuße des **Hagen- und Tennengebirges,** daher bietet es sich als Startpunkt für Wanderungen in der Umgebung an. Ein überaus spektakuläres Ziel ist der **Gollinger Wasserfall** im Ortsteil Torren, mit 75 m Höhe einer der beeindruckendsten weit und breit.

Südwestlich des Ortes wurde das malerische **Bluntautal** [H–I6] mitsamt zwei glasklaren Seen als **Naturschutzgebiet** ausgewiesen und stellt ein ruhiges Erholungsareal dar.

In der Umgebung von Golling ist **St. Koloman** mit dem idyllischen **Seewaldsee** [J5] einen Spaziergang wert. Die Ortschaft ist auch Ausgangspunkt für eine Fahrt auf die paradiesische **Trattbergalm,** die sich besonders im Frühling und Sommer großer Beliebtheit erfreut, wenn hier Hunderte von Pferden und Kühen grasen und die Weiden und Auen in bunter **Alpenblumenpracht** erstrahlen.

3 km südlich von Golling liegt der bereits seit der Römerzeit bestehende **Pass Lueg** [I6] auf 553 Höhenme-

MEIN TIPP

Die imposante Lammerklamm

Rund 10 km östlich von Golling 41 erreicht man die eindrucksvollen **Lammeröfen** [J5], eine enge, verwinkelte **Klamm,** die von der tosenden Lammer – einem Nebenfluss der Salzach – gebildet wird und zwischen Mai und Oktober über gesicherte **Holzstege** begehbar ist. Sie ist etwa 1 km lang, 60 m tief und führt durch tief eingeschnittene Felswände. Die Lammerwanderung beginnt an der **Dunklen Klamm,** dauert rund eine Stunde und ist auch für **Familien mit Kindern** machbar.

★ **147 Lammeröfen/Lammerklamm,** Scheffau 50, Tel. 06244 844220, www.lammerklamm.at, Juli/Aug. 9–19, April/Mai u. Okt. 9–17, Juni u. Sept. 9–18 Uhr, Eintritt: 7 €, erm. 4 €

tern, von dem man die wildromantischen **Salzachöfen** – so heißt der etwa 90 m unterhalb des Passes gelegene, klammartige Durchbruch der Salzach – auf einem Holzsteig begehen kann. Wer es etwas wilder mag, kann die Klamm mit dem **Flying Fox**, einer Seilrutsche, „durchfliegen".

› www.golling.info

145 Museum Burg Golling, Markt 1, Tel. 0664 5321270, www.burg-golling.at/museum, Mai–Okt. Do–So 9–14 Uhr, Eintritt: 5 €, erm. 2 €

› **Trattbergalm:** https://trattberg.online, Anfahrt per Mautstraße (Pkw 8 €, Motorrad 5 €)

› **Salzachöfen und Flying Fox:** www.erlebnisschlucht.at

146 Döllerers Genusswelten €€-€€€, Markt 56, Tel. 06244 42200, www.doellerer.at. Die von Starkoch Andreas Döllerer konzipierten Genusswelten bieten wahlweise ein Haubenlokal und ein Wirtshaus.

064ms-dk

Der beschauliche Ortskern von Abtenau mit der Pfarrkirche

42 Abtenau ★★ [J6]

Das Sportdorf Abtenau ist ein ultimatives Eldorado für **Outdoor-Action** in Form von Klettern, Kajakfahren, Rafting, Reiten, Mountainbiking u. v. m. In der Umgebung finden sich gleich mehrere Attraktionen, die man allesamt vom Ortsteil Au aus erreicht: Hervorzuheben sind die **Wasserfälle Dachser und Tricklfall**, aber auch der Gipfel des **Hochsattel** (1023 m). Auf dem Weg dorthin kann man eine Stippvisite im **Heimatmuseum Arlerhof** einlegen. Für Wasserspaß der Superlative begibt man sich in das **Erlebnisbad Abtenau.**

Um Abtenau befindet sich mit dem **Karkogel** ein Wandergebiet samt beliebter **Sommerrodelbahn.** Wandertouren hier oben führen u. a. auf den **Schober** (1806 m) und den **Hohen First** (1820 m).

Der Süden des Tennengaus wird vorwiegend von dem verkarsteten **Tennengebirge** (s. S. 77) geprägt, das sich wie eine unüberwindbare Wand auftürmt, während im Osten der schroffe **Gosaukamm** (s. Gosautal 29) die natürliche Grenze zu Oberösterreich bildet. Hier erstreckt sich der Salzburger Teil des Dachsteins, der von den Tourismusverbänden **„Dachstein West"** genannt wird. Der Gosaukamm bietet verschiedene Wanderrouten und Klettersteige für sämtliche Schwierigkeitsgrade, wobei speziell der **Donnerkogel** (2054 m) und ihm zu Füßen das **Törleck** (1587 m) mit der freischwebenden, 40 m langen **Himmelsleiter** Nervenkitzel vom Feinsten versprechen. Diese sind ab **Annaberg im Lammertal** [K6] im Rahmen einer Fahrt mit der **Donnerkogelbahn** bis zur Bergstation in 1475 m Höhe erreichbar. Alternativ erreicht man die Salzburger Seite des Gosaukamms auch ab **Rußbach** [K5] mit der **Hornbahn** bis zum 1433 m hohen **Hornspitz**, von dem aus man zur urigen Edtalmhütte wandern kann.

- **148 Heimatmuseum Arlerhof,** Au 9a, www.museum-abtenau.at, ab Juli Mi 13–17, So 14–17 Uhr, Eintritt frei
- **149 Erlebnisbad Abtenau**, Kehlhof 100, Tel. 06243 2284, www.erlebnisbad.abtenau.at, Mitte Mai bis Mitte Sept. tägl. 9–19 Uhr, Eintritt: 6,10 €, erm. 3,80 €
- › **Karkogel mit Sommerrodelbahn**: www.karkogel.com
- › **Donnerkogelbahn:** Mitte Juni–Ende Sept. Mo, Do, So an regenfreien Tagen, www.dachstein.at/de/sommer/bergbahnen/donnerkogelbahn.html, Berg- und Talfahrt 19,50 €, erm. 10,50 €
- › **Hornbahn:** Mitte–Ende Juni u. Mitte–Ende Sept. Fr, Juli–Mitte Sept. Mi–So jeweils 9–16.30 Uhr, www.dachstein.at/de/sommer/bergbahnen/hornbahn.html, Berg- und Talfahrt 22,50 €, erm. 11 €

Infos und Reisetipps, Gastronomie

- **150 Tourismusverband Abtenau,** Markt 165, Tel. 06243 4040, www.abtenau-info.at
- **151 Gasthof Weißes Rößl** €€, Markt 28, Abtenau, Tel. 06243 2302, www.weisses-roessl.at. Zu dem beliebten Gasthof gehört sowohl ein uriges Restaurant mit österreichischen Schmankerln als auch eine viel frequentierte Pizzeria namens Cavallo.
- **152 Winterstellgut** €€, Braunötzhof 4, Annaberg, Tel. 06463 600780, www.winterstellgut.at. Feinschmeckerlokal in einem alten Bauernhof in traumhafter Lage.

Pongau

Mit einer Fläche von 1755 km² macht der Pongau etwa ein Viertel des Bundeslandes Salzburg aus und ist gewissermaßen dessen geografische Mitte. Was andernorts das Salz war, war für den Pongau das Kupfererz: Der wertvolle Rohstoff wurde über Jahrhunderte am Südosthang des imponierenden Hochkönigstocks abgebaut. Zwischen eben diesem Gebirgsmassiv und dem südlicher gelegenen Zentralalpenhauptkamm mit den Hohen Tauern erstreckt sich das obere Salzachtal.

Salzburgs Zentrum ist deckungsgleich mit der historischen Region Pongau und entspricht dem **Bezirk St. Johann.** Diese Gegend ist eine jahrhundertealte Kulturlandschaft, die durch bäuerliches Brauchtum, den durch Bergbau und Salzhandel erlangten Wohlstand, aber auch durch ihre unterschiedliche Topografie geprägt ist: schroffes Hochgebirge auf der einen, das liebliche Salzachtal auf der anderen Seite.

› *Auf der Suche nach Alpenidylle? Im Pongau wird man nicht enttäuscht.*

Die **Bezirkshauptstadt St. Johann** 47 und das nahe **St. Veit** 48, aber auch **Radstadt** 52 und das durch sein Heilwasser bekannte **Bad Gastein** 57 zeichnen sich durch ihre besondere Atmosphäre aus, während etwa die **Burg Hohenwerfen** 44 Einblicke in die bewegte Vergangenheit gewährt.

Touristisch gesehen ist der Pongau ein Schwergewicht, strömen doch jährlich über zwei Millionen Besucher hierher, denn die Region – ganz besonders der **Hochkönig** 46 und die traumhafte Gegend um **Filzmoos** 53 – bietet für Wanderer, Kletterer, Bergsteiger, Mountainbiker und Wintersportler ein überaus reiches Angebot. Und mit der **Eisriesenwelt** 43 und der **Entrischen Kirche** 55 gibt es hier zwei der **eindrucksvollsten Höhlen Österreichs** zu sehen.

› www.pongau.org

43 Eisriesenwelt ★★★ [I6]

Auf 1656 m Höhe befindet sich dieses riesige Höhlenlabyrinth, dessen Entstehung wohl fast 15.000 Jahre zurückliegt. Als die Höhle 1879 entdeckt wurde, galt sie zunächst als äußerst kompliziert zu erforschen und so begann man erst 40 Jahre später, sie als touristische Sehenswürdigkeit auszubauen.

Die Eisriesenwelt ist ein Höhlensystem des Tennengebirges (s. S. 77), das mit einer Gesamtlänge von 42 km als die **größte Eishöhle der Welt** gilt. Im Rahmen einer **geführten Tour** (ca. 75 Min.) lässt sich ein Abschnitt des Höhlensystems erkunden, wobei etwas **Kondition** und v. a. **warme Kleidung** erforderlich sind: In der Höhle liegen die Temperaturen auch im Sommer unter 0 °C. Zu sehen sind mehrere sehr eindrucksvolle, teilweise erstaunlich große Höhlen, etwa die **Posselthalle** und die **Hymir-Halle**, aber auch natürlich geformte Eisgebilde.

Erreichbar ist die Eisriesenwelt über einen rund 20-minütigen Fußweg vom **Besucherzentrum** und dann mit der **Seilbahn** ab Wimm bei Tenneck (Fahrzeit: 3 Min.). Um Wartezeiten zu vermeiden, lohnt es sich, möglichst früh zu kommen.

› Eishöhlenstr. 30, Werfen, Bus ab Werfen, Parkplatz beim Besucherzentrum, Tel. 06468 5248, www.eisriesenwelt.at, Mai–Okt. tägl. 8.30–15 Uhr, Eintritt: 35 €, erm. 25 € inkl. Seilbahnfahrt

44 Burg Hohenwerfen ★★ [I7]

Hoch über Werfen thront die majestätische Burg Hohenwerfen, eine **mittelalterliche Wehranlage**, die im 11. Jh. als Kerker erbaut wurde und über Jahrhunderte prominente Insassen „beherbergte", darunter den Salzburger Erzbischof Wolf Dietrich von Raitenau (s. S. 22). Die Burg ist entweder **zu Fuß oder per Lift** erreichbar. Oft beschädigt und teilweise zerstört, geht die Festung in ihrer heutigen Form auf Renovierungen in den 1930er-Jahren zurück. Man kann sie im Rahmen einer kurzen **Führung** besichtigen, außerdem werden **Greifvogelshows** und andere kinderfreundliche Events wie Rätsel-Rallye, Ritterturnier u. v. m. veranstaltet.

Als nordwestlichste Gemeinde im Pongau liegt **Werfen** im **Salzachtal** südlich des Lueg-Passes, eingebettet zwischen dem Tennengebirge (s. S. 77), dem Hagengebirge und dem Hochkönig 46. Der unaufgeregte Ort ist durchaus hübsch anzusehen, insbesondere rund um den Hauptplatz, wo ein historisches Häuserensemble erhalten ist.

In **Pfarrwerfen,** ca. 3 km südlich von Werfen, stehen am Mühlbachl sieben historische Mühlen in einer Art **Freilichtpark.**

› **Burg Hohenwerfen,** Burgstr. 2, Tel. 06468 7603, www.salzburg-burgen.at/de/burg-hohenwerfen, Mitte Juli–Mitte Aug. tägl. 9–18, Mai–Mitte Juli u. Mitte Aug.–Sept. tägl. 9–17, April, Okt.–Anf. Nov. Di–So 9.30–16 Uhr, Eintritt: ab 10,40 €, erm. ab 3,10 € (ohne Lift)

153 Freilichterlebnis 7 Mühlen, Dorfwerfen 4, Pfarrwerfen, Tel. 06468 5390, https://7muehlen.at, Mai–Okt. tägl. 8–19 Uhr, Eintritt: 3,50 €, erm. 2,50 €

154 Landgasthof Reitsamerhof €-€€, Reitsam 22, Werfen-Imlau, Tel. 06468 5379, www.reitsamerhof.at. Familiengeführter Landgasthof mit alpenländischer Hausmannskost.

Ein Erlebnis der Spitzenklasse: Die Eisriesenwelt mit ihren bizarren Eis- und Felsformationen lässt sich im Rahmen von Führungen kennenlernen

MEIN TIPP

Höchstes Gipfelglück: das Tennengebirge

Nordöstlich von Werfen erstreckt sich das Tennengebirge als **Karstlandschaft,** die sich wie ein massiver Block gen Himmel streckt. Es zieht sich auf einer Fläche von ca. 60 km² bis Abtenau 42 im Norden und St. Martin [K7] im Osten und wird im Süden von der Salzach flankiert. Der **Aufstieg** auf das Hochplateau ist nur von einigen Stellen aus möglich. Die Besteigung vom Südrand des Gebirges – also ab **Werfenweng** [J7] und **Pfarrwerfen** [I7] – gilt als am einfachsten. Von diesen Orten aus gelangt man auf die eindrucksvoll gelegene **Werfener Hütte** oder auf die **Dr.-Heinrich-Hackel-Hütte.** Von beiden sind erlebnisreiche Wanderungen möglich, z. B. auf den **Tauernkogel** (2247 m) und den **Eiskogel** (2321 m), aber auch auf das **Raucheck** (2430 m) – den höchsten Gipfel des Gebirges – oder den **Bleikogel** (2411 m). Höhlenfans begeben sich in die anspruchsvolle **Eiskogelhöhle** (2321 m).

› www.bergbahnen-werfenweng.com
› www.werfenerhuette.info
› http://hackelhuette.at

45 Bischofshofen ★ [I7]

Mit 10.600 Einwohnern ist Bischofshofen die **zweitgrößte Stadt des Pongaus** und liegt etwa 7 km nördlich von St. Johann 47, ebenfalls am **Ufer der Salzach.** Gegründet wohl bereits im 8. Jh. als Pongowe, erhielt die Ortschaft ihren heutigen Namen im Jahre 1215, als die Bischöfe des Bistums Chiemsee die Herrschaft übernahmen. Einer von ihnen, **Silvester Phlieger,** wurde 1453 in der **Pfarrkirche St. Maximilian** bestattet – sein Hochgrab befindet sich bis heute hier. Berühmt ist die Kirche außerdem für ihre spätgotischen Fresken (um 1490) und das aus Holz und Kupfer gefertigte **Rupertuskreuz** (um 750), das die bislang älteste sakrale Kunstarbeit Österreichs darstellt. In der Kirche selbst ist nur eine Nachbildung zu besichtigen, das Original befindet sich im DomQuartier (s. S. 23) in Salzburg.

Daneben ist das als Wirtschafts-, Industrie und Einkaufsstadt bekannte Bischofshofen als Basis für Touren in die **landschaftlich attraktive Umgebung** zu empfehlen. In unmittelbarer Nähe zur Innenstadt lockt der knapp 50 m hohe **Gainfeldwasserfall,** den man von einer parallel verlaufenden Stiege bewundern kann. Oberhalb des Wasserfalls stehen die Reste einer **Burg** aus dem 12. Jh.

Anhängern des Skispringens dürfte Bischofshofen ein Begriff sein, denn alljährlich findet hier das letzte Springen der **Vierschanzentournee** auf der **Paul-Außerleitner-Schanze** statt, die sich besichtigen lässt.

› www.bischofshofen.com

MEIN TIPP

Auf den Spuren des Bergbaus im Pongau

Auf dem Areal der Paul-Außerleitner-Schanze in Bischofshofen 45 wurde früher Kupfer abgebaut. Das **Besucherzentrum des Geoparks Erz der Alpen** erinnert an dieses Kapitel der Stadtgeschichte.

Noch mehr zum Thema Bergbau und Bodenschätze erfährt man im etwa 10 km entfernten **Hüttau** [J7], wo es mit der **Kupferzeche** ein aufschlussreiches **Schaubergwerk** zu besichtigen gibt (nur mit Führung).

Verlässt man Bischofshofen entlang des Mühlbachs nach Westen, erreicht man nach 11 km den Ort **Mühlbach** [I8], der ein **Bergbaumuseum** mitsamt **Schaustollen** (nur mit Führung) sein Eigen nennt.

Alle drei Orte sind Teil des **Geotrails Erzweg,** der von St. Veit 48 bis nach Hüttau verläuft und dabei bedeutende natur- und kulturhistorische Stätten streift.

★ **155 Erz der Alpen UNESCO Global Geopark (Besucherzentrum),** Rosenthal 41, Bischofshofen, Tel. 06462 20291, www.geopark-erzderalpen.at, Mai–Okt. Mo–Sa 10–17 Uhr, Eintritt: 4,50 €, erm. 2,50 €

★ **156 Kupferzeche Hüttau,** Sonnhalb 21, Tel. 06458 7103, www.kupferzeche.at, Führungen im Juli/Aug. tägl. 10 bis 15 Uhr stündlich, Juni, Anf.–Mitte Sept. tägl. 11 und 14 Uhr, Mitte–Ende Mai tägl. 14 Uhr, sonst auf Anfrage, Eintritt: 5 €, erm. 2,50 €

157 Bergbaumuseum Mühlbach am Hochkönig, Mühlbach am Hochkönig 237, Tel. 06767733182, www.museum-hochkoenig.com, Juli/Aug. Di–Fr 12.30–17 Uhr, Mai/Juni u. Sept. Mi–Fr 13–17 Uhr, Okt. Do 13–17 Uhr, Eintritt: ab 7 €, erm. ab 3,50 €

› **Geotrail Erzweg:** http://geopark-erzderalpen.at/geotrails

46 Hochkönig ★★★ [H7]

Als eines der markantesten Gebirgsmassive der Alpen ragt der Hochkönig im Nordwesten des Pongaus auf. Seine Hochfläche misst rund 12 km². Hier oben liegt auch die sogenannte Übergossene Alm, ein 1,5 km² großer Gletscher, der in den letzten 150 Jahren um gut Dreiviertel seiner Fläche abgeschmolzen ist.

Der **Hochkönig** ist überall in dieser Region sichtbar. Für die meisten Wanderer ist speziell der **Gipfel** – mit 2941 m der höchste der Salzburger Kalkhochalpen – das vorrangige Ziel, wobei z. B. ab der **Dielalm** bei Werfen [I7] oder etwas beschwerlicher ab dem **Arthurhaus** auf 1502 m mehrere Touren nach oben zur Wahl stehen. Bei Kletterern ist der Hochkönig mit seinen Kalkwänden ebenfalls äußerst beliebt – der **Königsjodler-Klettersteig** gilt vielen als das Nonplusultra des Bundeslandes. Auch für **Mountainbiker** existieren lohnenswerte Routen.

An der Südseite des Hochkönigs erstreckt sich die als **Region Hochkönig** firmierende Naturlandschaft mit zahllosen Spazier- und Wandermöglichkeiten, wie z. B. um die **Karbachalm**, die man mit der **Karbachalmbahn** ab Mühlbach erreicht. Kulinarisch interessant ist die Region Hochkönig durch ihre mehr als 50 bewirtschafteten Almen und Hütten, die sich vorrangig auf **vegetarisch-vegane Kost** spezialisiert haben. Empfehlenswert ist etwa die urige **Zachhofalm**, die man ab Dienten erreicht.

Ganz im Westen des Hochkönigareals und bereits im Pinzgau liegt das pittoreske Dorf **Maria Alm** [G8], das auch einer der Ausgangsorte für Touren im **Steinernen Meer** ist. Dieser verkarstete Gebirgsstock ist durch seine vielen Höhlen charakterisiert. Maria Alm liegt am Fuße des **Natrun** (1253 m), den man mit der **Natrunbahn** erreicht und von wo aus etwa Wanderungen zum **Prinzensee** und zur **Jufenalm** (1110 m) beliebt sind.

- › www.hochkoenig.at
- › www.arthurhaus.at
- › **Karbachalmbahn:** Mitte Mai–Ende Okt. Mo/Di und Fr–So (Juli/Aug. auch Mi) 9–17 Uhr, Berg- und Talfahrt. 22 €, erm. 11 €

158 Zachhofalm €-€€, Zachhofalm 1, Dienten, Tel. 06461 20056, www.zachhofalm.at. Vegane Köstlichkeiten gibt es auf dieser außergewöhnlichen Almhütte.

- › **Natrunbahn:** Mai–Anf. Nov. tägl. 9–17 Uhr, Berg- und Talfahrt 22 €, erm. 11 €

067ms-dk

Das Bilderbuchdorf Maria Alm [G8] dient als Basis für Erkundungen auf dem Natrun

47 St. Johann im Pongau ★★ [I8]

Die Bezirkshauptstadt St. Johann ist das administrative und kommerzielle Zentrum des Pongau und auch als Verkehrsknotenpunkt bedeutend. Aufgrund der Tatsache, dass das im lokalen Dialekt „Seiger Hans" genannte Städtchen nicht komplett auf den Tourismus ausgerichtet ist, bietet es sich speziell für all jene als Basis an, die auch ein wenig urbanes Flair zu schätzen wissen.

St. Johann ist mit 11.300 Einwohnern der **Hauptort des Pongau** und befindet sich im **Tal der Salzach.** Auf einer Art **Terrasse** gelegen, eingebettet zwischen den Salzburger Schieferalpen im Norden, den Radstädter Tauern im Südosten und den Ausläufern der Ankogelgruppe (Hohe Tauern, s.S. 96) im Südwesten, ist St. Johann mit viel Sonne gesegnet.

Das **Ortszentrum** befindet sich erhöht über dem Fluss. Historisch bedeutsam ist die Mitte des 19. Jh. neu errichtete stattliche, zweitürmige **Pfarrkirche St. Johannes,** die wegen ihrer Größe auch „Pongauer Dom" genannt wird.

Seinen touristischen Stellenwert verdankt St. Johann seinem Riesenangebot an **Outdoor-Aktivitäten,** beispielsweise Canyoning, Kayaking, Rafting usw. in der nahen Umgebung. Zahlreiche Liftanlagen führen auf den **Sonntagskogel** (1849 m) und den **Gernkogel** [J8] (1747 m), die für ausgiebige Wanderungen prädestiniert sind. Der **Geisterberg** bei der Gernkogelalm präsentiert sich mit mehr als 40 Spielstationen als **Spielparadies für Kinder.**

› www.josalzburg.com

★**159 Geisterberg**, Alpendorf 2, St. Johann, www.snow-space.com/de/sommer/abenteuerberg/geisterberg-alpendorf

Gastronomie

160 Brückenwirt €€, Hauptstr. 78, Tel. 06412 4259, https://hotel-brueckenwirt.at. Dieses große Restaurant mit Terrasse bietet lokale Spezialitäten im angenehmen Dekor.

161 Stöcklwirt €€, Hauptstr. 22a, Tel. 0676 7168471, www.hotel-stoecklwirt.at. Die volle Bandbreite der Salzburger Küche wird hier aufgetischt.

48 St. Veit im Pongau ★★ [I8]

Das kleine, über dem Salzachtal gelegene St. Veit verfügt über einen **hübschen Ortskern** mit Bürgerhäusern, die an den dank des Kupferabbaus hier einst herrschenden Wohlstand erinnern. Die auffallend große **Pfarrkirche St. Vitus** überragt den Ort. St. Veit ist ein heilklimatischer **Kurort,** in dessen Lungenheilanstalt auch der Schriftsteller **Thomas Bernhard** (1931–1989) behandelt wurde. Dem

Autor, aber auch Aspekten des bäuerlichen Lebens in der Region ist das **Seelackenmuseum** gewidmet.

Informationen über den ehemaligen Bergbau erhalten Besucher im **Schaubergwerk Sunnpau.** Darüber hinaus ist St. Veit Teil des **Geotrails Erzweg Kupfer** (s. S. 78).

In unmittelbarer Nähe des Ortes gibt es eine Reihe spannender Sehenswürdigkeiten, die auf einem erhöhten Plateau liegen, das als **„Salzburger Sonnenterrasse"** firmiert.

Teil der Sonnenterrasse ist auch das unweit gelegene **Schwarzach.** Hier befindet sich der Kopfbahnhof der Anfang des 20. Jh. gebauten **Tauernbahn,** die auf 79 km Länge die Hohen Tauern überwindet, um in Spittal an der Drau in Kärnten zu enden. Ein **Museum** dokumentiert dieses architektonisch spektakuläre Projekt.

Weiter westlich liegt **Goldegg** [H9], ein Dorf an einem Moorbadesee. Im dortigen **Schloss** sind prächtige Prunksäle erhalten und in den Räumlichkeiten lässt sich ein interessantes **Heimatmuseum** besichtigen.

Erholung verspricht der nahe **Böndlsee** [H9], wenige Kilometer nördlich von **Lend,** ein naturbelassenes Badegewässer, in dem seltene Edelkrebse beheimatet sind und wo auch diverse Orchideenarten und der unter Naturschutz stehende **Sonnentau** (eine fleischfressende Pflanze) wachsen.

162 Seelackenmuseum, Museumsweg 1, St. Veit, Tel. 0660 1228855, www.museumsverein-stveit.com, Mai–Okt. Mi 13–16 u. 19–21, So 10–12 u. 13–16 Uhr, Eintritt: 5 €, erm. 2,50 €

★**163 Schaubergwerk Sunnpau,** Stein 36, St. Veit, Tel. 0664 99816314, www.museumsverein-stveit.com, Mai–Sept. Führungen stündl. 10–15 Uhr, Eintritt: 12 €, erm. 6 €

› **Salzburger Sonnenterrasse:** www.sonnenterrasse.at

164 Museum Tauernbahn, Bahnhofstr. 14, Schwarzach, Tel. 0664 1528907, www.museum-tauernbahn.at, Mai–Anf. Okt. Mi, Sa 13–17, So 10–17, Juli–Aug. auch Do 19–22 Uhr, Eintritt: 6 €, erm. 4 €

165 Pongauer Heimatmuseum Schloss Goldegg, Hofmark 1, Goldegg, Tel. 06415 20027, www.schlossgoldegg.at, Mitte Juni–Mitte Sept. Mo, Di u. Do–Sa 10–12 u. 15–17, So 15–17, Führungen (2 €, erm. 1 €) tägl. 14, Mitte Sept.–Mitte Juni Führungen Do 14 Uhr, Eintritt: 4 €, erm. 1 €

› **Böndlsee:** www.böndlsee.at, Badestelle Mai–Sept. 9–19 Uhr bei schönem Wetter, Eintritt: 4 €, erm. 2 €

166 Sonnhof €€€, Kirchweg 2, Tel. 05675 6375, www.sonnhof-vituswinkler.at. Modern gestaltetes, international ausgezeichnetes Gourmet-Wirtshaus.

Panorama mit Wow-Faktor: die Bergwelt um St. Johann im Pongau

068ms-ah

49 Liechtensteinklamm ★★★ [I9]

Rund 4 km südlich von St. Johann 47 liegt die bemerkenswerte Liechtensteinklamm, eine bis zu 300 m tief in das Gestein geschnittene **Felsschlucht,** durch die sich der brausende **Großarlbach** seinen Weg bahnt. Ein einzigartiges Naturschauspiel sind die durch Gischt in Verbindung mit Sonnenstrahlen entstehenden **Regenbögen.** Zweifellos handelt es sich bei der Liechtensteinklamm um ein absolutes Highlight des Salzburger Landes, gilt sie doch als eine der längsten und tiefsten Schluchten der Alpen.

Man begeht die faszinierende Klamm auf einer Länge von etwa 1,1 km über architektonisch beeindruckende, aber stets gesicherte – und damit auch für **Familien mit Kindern** geeignete – **Brücken, Stege und Treppen,** darunter die spektakuläre **Helixtreppe** in Spiralform, die etwa 30 Höhenmeter misst. Schließlich erreicht man eine **Plattform,** von der aus man den knapp 60 m hohen Wasserfall brausend in die Tiefe stürzen sieht.

› Liechtensteinklammstr. 123, St. Johann, Tel. 06412 6036, www.josalzburg.com/de/sommer/liechtensteinklamm, Mai–Sept. tägl. 9–18, Okt. tägl. 9–16 Uhr, Eintritt: 11 €, erm. 6 €

50 Flachau und Wagrain ★★ [J8]

Im Quellgebiet der Enns – sie entspringt am Fuße des Kraxenkogels auf rund 1750 m Höhe – liegt der berühmte und viel besuchte Urlaubsort Flachau, der über ein umfangreiches Angebot an Gastronomie und Unterkünften verfügt.

Die Infrastruktur **Flachaus** [K8] ist ausgesprochen **kinderfreundlich** mitsamt Spielplätzen, Minigolf, Kletterpark und besonders familiengerechten Hotelanlagen. Die durch Seilbahnen und Liftanlagen erschlossene **Bergwelt** um Flachau zieht sich ostwärts über Schwaighof und Mayrdörfl. In der schneefreien Saison lädt die Bergregion zu **Wanderungen** ein, z. B. auf die **Kogelalm** (1878 m) und das **Grießenkareck** (1991 m).

Das nur 10 km von Flachau entfernte **Wagrain** mutet eher bäuerlich an und spielt, wie andere Orte im Salzburger Land, eine wichtige Rolle in Bezug auf **Weihnachtstraditionen** (s. S. 34). Auch hier verlaufen viele Wanderwege, z. B. um das bereits erwähnte **Grießenkareck.** Dieser Gipfel ist per **„Flying Mozart“** genannter Kabinenseilbahn erreichbar.

Entspannt geht es auf dem **Grafenberg** [J8] (1700 m) zu, wo die Erleb-

071ms-aw

niswelt **Wagrainis Grafenberg** auch kleinen Besuchern allerlei Spiel und Spaß bietet, z. B. in Form eines Seilgartens oder einer Hängebrücke über den Grafenbergsee. Hinauf gelangt man mit der **Grafenbergbahn.**

Auf der **Edelweiss-Alm** gibt es einen für Familien mit Kindern konzipierten **Schaubauernhof**, in dem man einiges über die Almlandwirtschaft erfährt und sich urig bewirten lassen kann.

› www.flachau.com, www.snow-space.com

› **Flying Mozart:** www.wagrain-kleinarl.at/de/infrastruktur/wagrain-flying-mozart-sommerbetriebszeiten.html, Berg- und Talfahrt ab 20,60 €, erm. 12,40 €

› **Wagrainis Grafenberg:** www.snow-space.com/de/sommer/abenteuerberg/wagrainis-grafenberg

★167 **Edelweiss-Alm,** Weberlandl 64, Wagrain, Tel. 06413 8500, www.edelweiss-alm.com, Sa–Do 10–18, Mitte Dez.–Anf. April auch Fr 10–18 Uhr, Eintritt frei

51 Altenmarkt-Zauchensee ★ [K8]

Die Gegend südwestlich von Radstadt 52 ist als Altenmarkt-Zauchensee bekannt. Als historisch bedeutender Ort im **Ennstal** – schon die Römer siedelten hier – liegt **Altenmarkt** etwa dort, wo der Zauchenbach in die Enns mündet. Der zentrale Marktplatz bietet sich zum Verweilen an, ferner sind die große Pfarrkirche und das nördlich von ihr gelegene **Heimatmuseum** erwähnenswert, das früher den Bergknappen als Unterkunft diente.

Die Helixtreppe windet sich durch die Liechtensteinklamm

MEIN TIPP

Ausflug ins bezaubernde Kleinarltal

Fährt man von **Wagrain** 50 aus südwärts, gelangt man ins **Kleinarltal** [J9]. Hier kann man herrliche Wanderungen in idyllischer Landschaft unternehmen, insbesondere südlich des Ortes Kleinarl, wobei der blaugrün schimmernde **Jägersee** (1120 m) und der durch seinen Fischreichtum bekannte **Tappenkarsee** [J10] (1763 m) zu den lohnendsten Zielen zählen. Für Panoramablicke sollte man sich auf den **Penkkopf** (2011 m) oder auf den **Mooskopf** (1961 m) begeben.

Das Kleinarltal setzt besonders auf das Thema **Nachhaltigkeit** und wurde für seine Bemühungen mit dem GSTC-Zertifikat als grünes Urlaubsziel ausgezeichnet.

› www.wagrain-kleinarl.at

Für Bergfans empfiehlt sich das 11 km südlich gelegene, großflächige Areal um **Zauchensee** [K9], das nach dem hiesigen idyllischen Bergsee benannt ist und **Wanderern** als Ausgangspunkt für Touren von der **Gamskogelhütte** in 1900 m Höhe zum Gipfel des **Rosskopfes** (1929 m), zum **Schwarzkopf** (2261 m) oder auf die **Steinfeld-Spitze** (2344 m) dient.

Zwischen Altenmarkt und Zauchensee befindet sich außerdem ein viel besuchter Hochseilpark samt Seilrutschenparcours namens **Erlebniswald Altenmarkt.**

› www.altenmarkt-zauchensee.at

168 **Altenmarkter Heimatmuseen,** Brunnbauerngasse 1, Tel. 06452 4753, www.heimatmuseum.at, Mi–Fr u. So 16–18 Uhr, Eintritt: 5 €, erm. 3 €

S169 **Erlebniswald Altenmarkt**, Mühlenweg 3, www.erlebniswald-altenmarkt.at, Mai–Ende Okt., Eintritt: ab 20 €

52 Radstadt ★★ [K8]

Dass durch das Gebiet zwischen Tauern und Tennengebirge seit jeher eine bedeutende, schützenswerte Handelsroute führte, merkt man ganz besonders in Radstadt, wo noch Teile der alten Stadtbefestigung erhalten sind. Leider gibt es in dem historisch so wichtigen Städtchen ansonsten keine mittelalterlichen Bauten mehr, denn diese fielen 1865 zur Gänze einer Feuersbrunst zum Opfer.

Radstadt liegt südlich von Bischofshofen 45 im hier recht breiten **Ennstal.** Seit der **römischen Epoche** war der Ort eine Station auf der Handelsstraße, die die Adria mit Salzburg verband. Unter den Erzbischöfen war Radstadt ein Bollwerk gegen die antiklerikalen Aufständler, inklusive der Protestanten, die im 18. Jh. hier und in der gesamten Umgebung gnadenlos verfolgt und vertrieben wurden.

Das **Stadtbild** präsentiert sich heute v. a. in den Stilrichtungen des neuzeitlich-bürgerlichen **Barock** und des **Klassizismus,** was sich u. a. am hübschen **Hauptplatz** mit dem Rathaus zeigt. Noch erhalten sind Teile der **Stadtmauer** mitsamt Hexen-, Teich- und **Kapuzinerturm,** Letzterer mit einer Ausstellung zu den Bauernkriegen. Vor dem Teichturm findet sich noch ein Teil des Stadtgrabens – ab hier verläuft der informative **Millenniumspfad,** der Radstadts Historie auf Schautafeln erläutert. Weitere Zeugnisse der Stadtgeschichte präsentiert das **Heimatmuseum** im Schloss Lerchen.

Für **Wanderer und Mountainbiker** ist das Gebiet südlich der Stadt – man spricht von den **Radstädter Tauern** – durchaus lohnend.

Nur über die B99 erreichbar ist das 20 km entfernte **Obertauern** [L9], das v. a. bei **Wintersportlern** populär ist und in der schneefreien Zeit in eine Art touristischen Dornröschenschlaf verfällt.

› www.radstadt.com, www.museen-radstadt.at

Gastronomie

170 Hotel Gasthof Stegerbräu €€, Schernbergstr. 14, Tel. 06452 4313, www.stegerbraeu.at. Historisches Restaurant mitten im Zentrum, in dem international-regionale Küche und ein hauseigenes Bier geboten werden. Besonders schön sitzt man im Gastgarten.

171 Zum Kaswurm €€, Farnwangweg 5, Tel. 06452 4114, www.zum-kaswurm.at. Empfehlenswertes Wirtshaus, in dem die ganze Bandbreite der Pongauer Spezialitäten auf der Karte steht.

53 Filzmoos ★★★ [L7]

Das kleine, auf 1057 m Höhe gelegene Filzmoos ist zweifelsohne einer der landschaftlich eindrucksvollsten Orte des Salzburger Landes. Hier, am Fuße der steil aufragenden Bischofsmütze (2458 m) und des Rossbrands (1770 m), ist man im „Wander-Wunderland“ angekommen. Und obwohl Filzmoos mit seinen nur 1500 Einwohnern im Jahr gut 600.000 Übernachtungen verzeichnet, hat man es geschafft, dem Ort seinen Zauber nicht zu nehmen.

Interessant ist in diesem Zusammenhang, dass in Filzmoos die **Sommersaison** stärker ausgeprägt ist als der Wintertourismus. So gibt es hier ein reiches Spektrum an Aktivitäten vom Bogenschießen über Heißluftballonfahrten bis hin zum Reiten.

Filzmoos liegt unweit des Dachsteinmassivs (30 und 37) und ist mit zahlreichen **Wanderwegen** – wie auf das Lienköpfl (1536 m), das Obere

Hochkesseleck (2283 m) oder den besagten Rossbrand –, **Klettersteigen** und anspruchsvollen Bergtourstrecken „gesegnet". Nicht zu besteigen ist hingegen die von überall sichtbare **Bischofsmütze** [K–L6].

Bekannt ist die Gegend auch für die umliegenden Almen. Zur Einkehr laden v. a. die liebliche **Unterhofalm** und die urige **Oberhofalm** ein. Ein Abenteuer ganz anderer Art erwartet Gäste auf der nahen **Bachlalm**, wo man in Kontakt mit zutraulichen Murmeltieren kommen kann.

› www.filzmoos.at
› **Unterhofalm:** www.unterhofalm.at
› **Oberhofalm:** www.oberhofalm.at
› **Bachlalm:** www.bachlalm.at

172 Pilzstub'n €-€€, Pilzhof 8, Tel. 0664 5015132, www.pilzstube.at. Auf einer Alm gelegenes Lokal, in dem man regionale Leckerbissen bekommt.

MEIN TIPP

Auf zu den Baumriesen!

Nordwestlich von Filzmoos 53, knapp 30 km weit entfernt, erstreckt sich der **Lammertaler Urwald** [J6], ein ca. 10 ha großes **Naturwaldreservat**, in dem Tannen, Fichten, Buchen und Lärchen mit außergewöhnlichem Ausmaß wachsen – man spricht von den höchsten Bäumen Österreichs. Der Wald ist über **St. Martin am Tennengebirge** [K7] erreichbar.

› **Lammertaler Urwald:** www.stmartin.info/de/aktivdorf/seepark.html, www.stmartin.info/de/naturdorf/lammertaler-urwald.html

54 Großarltal ★★ [I9]

Bekannt für sein großzügiges Angebot an Outdoor-Aktivitäten verläuft das Großarltal praktisch parallel zum weit bekannteren Gasteinertal (s. S. 86). Es hat seinen Namen von der Großarler Ache, die auf einer Höhe von etwa 2100 m am Keeskogel entspringt und in nördliche Richtung fließt, um bei St. Veit 48 in die Salzach zu münden.

Südlich von St. Johann im Pongau 47 erstreckt sich auf einer Länge von etwa 30 km das Großarltal, dessen **Hauptort Großarl** als **Wintersportzentrum** gilt, aber jenseits des begrenzten Skigebiets ist der Rest des Tales ein wunderbares, auf **sanften Tourismus** ausgelegtes Refugium mit fast 40 bewirtschafteten Almen. Beliebte Touren sind u. a. der **Kapellen-Wanderweg** ab Großarl. Von dem Ort kann man außerdem durch das malerische **Ellmautal** streifen und auf den **Gründegg** (2168 m) oder den **Kreuzkogel** (2027 m) kraxeln. Auch zahlreiche Themenwanderungen, die teilweise als Lehrpfade angelegt sind, gibt es in der Gegend. Erwähnenswert ist etwa der **Sinnesweg.**

Hüttschlag [J10], etwa 8 km südlich von Großarl gelegen, ist ein alter Kupferbergbauort und bezeichnet sich selbst als „Bergsteigerdorf", führen doch ab hier anspruchsvolle Wege z. B. auf den **Draugstein** (2356 m), den **Gamskarkogel** (2467 m), den **Keeskogel** (2884 m) oder über den Klettersteig der **Hüttschlager Wand.** In Hüttschlag selbst gewährt das **Talmuseum** einen interessanten Einblick in die historische Almenlandwirtschaft.

Das Ende der Straße durch das Großarltal bildet der **Ötzlsee,** von dem sich das sehenswerte **Schödertal** weiter nach Süden bis unterhalb des Tauernkamms zieht. Ein Wanderpfad führt zum weltfernen **Schödersee** [J11] auf 1440 m Höhe, der nur periodisch vorhanden ist – das Wasser der Schneeschmelze verschwindet im trockenen Spätsommer häufig.

› www.grossarltal.info
› **Kapellen-Wanderweg:** www.kapellen-wanderweg.at
› **Sinnesweg:** www.grossarltal.info/de/sommer/natur-kultur/sinnesweg.html
› **Bergsteigerdorf Hüttschlag:** www.bergsteigerdoerfer.org/126-0-Ueber-das-Bergsteigerdorf-Huettschlag.html

173 Talmuseum Hüttschlag, See, Tel. 06417 444, http://talmuseum.at/wordpress, April–Okt. tägl. 10–18, sonst bis 17 Uhr, Eintritt: 7 €, erm. 4 €

Gastronomie, Einkaufen

174 Talwirts Rauchkuchl, See 30, Hüttschlag, Tel. 06417 444, auf Facebook. Der Talwirt ist zugleich Wirtshaus, Metzgerei und Kaufladen, in dem außergewöhnliche lokale Produkte von Speck über diverse Wurstspezialitäten bis hin zum „Nationalpark-Eis" angeboten werden.

175 Bauernladenstüberl, See 42, Hüttschlag, Tel. 06417 260, www.bauernladenstueberl.com. In dieser biologisch betriebenen Schaukäserei gibt es auch einen Bauernladen mit regionalen Leckerbissen, die man gleich vor Ort als Jause verzehren kann.

101ms©Karl, stock.adobe.com

Gasteinertal [H9–I10]

Das wahrscheinlich berühmteste Tal des Pongaus ist das malerische, 40 km lange Gasteinertal, das sich südwestlich von Schwarzach gen Süden erstreckt. Bekannt ist es vor allem deshalb, weil seit dem ausgehenden 19. Jh. viele Adlige und wohlhabende Angehörige des Bürgertums zur Sommerfrische hierher kamen und die radonhaltigen Thermalquellen für Kuren in Anspruch nahmen.

Doch bereits bevor der Fremdenverkehr zu erblühen begann, wurde in den Tauern **Gold** geschürft. Bis heute bietet das Gasteinertal neben seiner sensationellen Bergwelt viele weitere Attraktionen, wobei neben Wander- und Kletterspaß bei vielen Urlaubern nach wie vor das Thema **Wellness** ganz oben auf der Liste steht.

› www.gastein.com

55 Schauhöhle Entrische Kirche ★★ [H9]

Am Anfang des Gasteinertals, ganz im Norden, liegt diese gigantische **Schauhöhle**, bestehend aus domartigen Hallen, die mit Tropfstein- und Sinterbildungen „geschmückt" sind. Die Höhle lässt sich nur im Rahmen einer **Führung** besichtigen, die ca. 45 Min. in Anspruch nimmt. Protestanten hielten hier während der äußerst erbarmungslos verlaufenden Gegenreformation (1700–1731) geheime Versammlungen ab.

Nur einen knapp 15-minütigen Fußmarsch entfernt lockt südlich die **Burgruine Klammstein** aus dem 12. Jh., das älteste noch erhaltene Bauwerk im Tal. Hier ist auch eine

Besonders fotogen präsentiert sich Bad Gastein im Winter

Burgschenke angesiedelt, die sich großer Beliebtheit erfreut.

Dorfgastein [I9] ist der wichtigste Ort im Norden des Tals. In der Umgebung sind ausgiebige Wanderungen möglich, speziell rund um das **Fulseck** (2035 m) mit dem **Spiegelsee** und auf die **Gasteiner Höhe** (1994 m) sowie zu den nahen **Paarseen.**

- **Schauhöhle Entrische Kirche,** Klammstein 30, Dorfgastein, Tel. 0664 9800570, www.dorfgastein.net/hoehle, Führungen Mai–Sept. Mi, Fr, So 11, 12 u. 14 Uhr, Eintritt: 16 €, erm. 8 €
- **Burgruine Klammstein,** Klammstein 25, Dorfgastein, Tel. 06433 7603, https://burg-klammstein.at, u. a. Landsknecht-Gelage in der Burgschenke ab 6 Pers. inkl. Burgführung nur nach Vorabbuchung
- **Wanderungen im Gasteinertal:** www.gastein.com/aktiv/sommer/wandern

56 Bad Hofgastein ★ [I10]

Der mit 6800 Einwohnern **größte Ort des Gasteinertals** ist Bad Hofgastein, das im 16. Jh. durch den Abbau von **Gold** zu erheblichem Reichtum gelangte. Bis heute strahlt der Kurort mit seinem adretten Zentrum viel Flair aus.

Wellnessfans begeben sich in die **Alpentherme** (s. S. 116) mit ihren Thermalwasser-Badeseen.

Mit der **Seilbahn** gelangt man hinauf zur **Hirschkarspitze** mit der **Schlossalm** (2050 m), wo ein kleiner See liegt und diverse Wanderwege und Mountainbikerouten zu Zielen in den Hohen Tauern führen, darunter die **Mauskarspitze** (2373 m).

Wer sich für den frühindustriellen **Bergbau** interessiert, findet im Angertal das **Freilichtmuseum** namens **Knappenwelt**, ein historisches Montanzentrum mitsamt Schmelzöfen, Schmiede u. v. m.

- **Schlossalmbahn:** Mitte Juni–Anf. Nov. tägl., www.skigastein.com/de/sommer/schlossalm, Berg- und Talfahrt ab 20,60 €, erm. 12 €

176 Knappenwelt Angertal, https://via-aurea.com/knappenwelt-angertal, jederzeit frei zugänglich

Gastronomie

177 Annencafé [€-€€], Kronwald 166, Tel. 06432 6383, www.annencafe.at. Oberhalb von Bad Hofgastein befindet sich dieses große Café-Restaurant mit Sonnenterrasse, in dem es neben Mehlspeisen auch regionale Schmankerln gibt.

178 Bertahof [€€], Vorderschneeberg 15, Tel. 06432 7608, www.bertahof.at. Auf diesem 350 Jahre alten Hof werden traditionelle Gerichte nach historischen Rezepten zubereitet.

57 Bad Gastein ★★ [I11]

Auf die einen wirkt der im k. u. k. Stil geprägte, weltberühmte Kurort mit seinen in den Berg gebauten „Hochhäusern“ wie ein zauberhafter Architekturtraum, andere hingegen fühlen sich angesichts der teils morbiden Gebäude und der wilden Ache, die über drei Stufen talwärts durch den Ort stürzt, etwas überwältigt. Am besten macht man sich selbst ein Bild.

Das traditionelle und mit seinem **Belle-Époque-Bauensemble** immer noch kaiserlich-elegant wirkende **Heilbad** imponiert mit vornehmen Grand Hotels, alteingesessenen Restaurants und eleganten Villen. Viele Mitglieder des Hauses **Habsburg,** aber auch Literaten, Musiker, Philosophen und sonstige Frauen sowie Männer von Welt waren in Bad Gastein auf Sommerfrische oder zur Kur. Mehr zu den illustren Kurgästen erfährt man im **Gasteiner Museum,** das im einst viel gelobten zehnstöckigen **Grand Hôtel de l'Europe** ansässig ist.

Bad Gastein ist unbestritten einer der **geschichtsträchtigsten Orte** im Bundesland Salzburg, wenngleich der Kurbetrieb seit 1918 keine Haute Volée mehr anzieht und der Ort längst seinen royalen Glanz verloren, ja vielerorts sogar der unaufhaltsame Verfall eingesetzt hat. Möglicherweise mögen neue Investoren den Niedergang ein wenig aufhalten, zu wünschen wäre es jedenfalls.

Durch den Ort rauscht die **Gasteiner Ache** über drei Höhenstufen und kann von mehreren Stellen aus betrachtet bzw. das ganze Jahr über per **Flying Waters** genannter **Seilrutsche** „überflogen" werden.

Im Ortszentrum sollte man auch das ehemalige **Kurhotel Austria** und das älteste Hotel der Stadt namens Straubinger auf dem Straubingerplatz besichtigen. Einen Besuch wert sind ferner die spätgotische **Nikolauskirche** aus dem 14. Jh. und das **Radon-Thermal Dunstbad.** Als Alternative gibt es im Ort die moderne **Felsentherme** (beide s. S. 116).

Per **Seilbahn** geht es hinauf zum **Stubnerkogel** (2246 m), wo sich eine imposante **Hängebrücke** befindet und Wanderwege etwa zum **Tischkogel** (2409 m) oder zum **Zitterauer Tisch** (2463 m) führen. Südöstlich des Ortes erheben sich der **Graukogel** (2492 m) und der **Hüttenkogel** (2331 m).

Südlich von Bad Gastein liegt der Ortsteil Böckstein, wo ein **Montanmuseum** über die Geschichte des Bergbaus informiert und in einem ehemaligen Stollen der **Gasteiner Heilstollen** untergebracht ist, der für die Atemwegsbehandlung mit radonhaltigem Wasserdampf bekannt ist.

Im Naßfelder Tal – erreichbar per **Mautstraße** (pro Person 5,50 €) – befindet sich auf 1589 bis 2650 m Höhe **Naßfeld-Sportgastein**, der südlichste und gleichzeitig höchstgelegene Ort des Gasteiner Freizeitareals. Von dort aus kann man anspruchsvolle Bergtouren rund um das **Schareck** (3122 m) oder den **Unteren** (1872 m) sowie den **Oberen Bockhartsee** (2076 m) unternehmen. Auch das ursprüngliche **Anlauftal** ist eine Wanderung wert, und zwar bis zum Fuße des gewaltigen **Ankogel** (3252 m).

179 Gasteiner Museum, Grand Hôtel de l'Europe, Kaiser-Franz-Josef-Str. 14, Tel. 06434 3488, www.gasteinermuseum.com, Ende Juni–Anf. Okt. Mi–So 14.30–18 Uhr, Eintritt: 5 €, erm. 4 €

› **Flying Waters:** www.gastein.com/aktiv/ganzjahres-aktivitaeten/flying-waters, Preis 20 €, erm. 15 €

› **Stubnerkogelbahn:** www.gasteinertal.com/stubnerkogelbahn, Berg- und Talfahrt ab 20,60 €, erm. 12 €

180 Montanmuseum, Karl Imhof-Ring 12, Ortsteil Böckstein, Tel. 0664 3857283, https://montanmuseum-boeckstein.at, Mai–Sept. Di–So 15–18 Uhr, Eintritt: 4 €, erm. 3 €

•**181 Gasteiner Heilstollen,** Heilstollenstr. 19, Ortsteil Böckstein, Tel. 06434 37530, www.gasteiner-heilstollen.com, Buchung erforderlich, Preis pro Behandlung ca. 76 €

Infos und Reisetipps, Gastronomie

182 Kur- und Tourismusverband Bad Gastein, Kaiser-Franz-Josef-Str. 27, Tel. 06432 3393560, www.gastein.com

183 Hexenhäusl, Mozartplatz 11, Tel. 0664 4039676. Restaurant, Event-Location und urige Kneipe zugleich. Im Hexenhäusl treffen sich Einheimische und Gäste zum Feiern und Relaxen.

184 Jägerhäusl €€, Kaiser-Franz-Josef-Str. 9, Tel. 06434 20254, www.facebook.com/jaegerhaeusl. Zünftig-gemütliches Gasthaus mit altbewährten Klassikern der österreichischen Küche und köstlichen Pizzen.

Pinzgau

Almen, Gipfel, Gletscher, Steilhänge und Täler – der Pinzgau wird durch seine üppige Bergwelt charakterisiert. Er macht den gesamten Westteil Salzburgs aus und nimmt mit 2641 km² mehr als ein Drittel der Gesamtfläche des Bundeslandes ein. Durchflossen wird die auch Bezirk Zell am See genannte Region von West nach Ost von der Salzach.

Die Bergregionen des Pinzgaus bieten unzählige Möglichkeiten für Aktivurlauber. So ist der **Nationalpark Hohe Tauern** (s. S. 96) die Topadresse für erlebnisreiche Wanderungen in ursprünglicher Natur. Außerdem genannt seien das relativ wenig besuchte **Raurisertal** 58, in dem einst Gold abgebaut wurde, und das **Habachtal** 63, wo die **einzigen Smaragdvorkommen Europas** beheimatet sind.

Weitere Attraktionen sind die **Krimmler Wasserfälle** 64 und die **Gletscher um Kaprun** 60 – Besucher können den Eisfeldern bei einer Fahrt auf das Kitzsteinhorn nahekommen. In der Nähe liegen auch zwei sensationelle **Hochgebirgsstauseen,** die sich im Rahmen einer erlebnisreichen Tour (s. S. 94) entdecken lassen.

Die Befahrung der legendären **Großglockner-Hochalpenstraße** (s. S. 91) gehört zu den absoluten Highlights für Motorisierte. Ein wahres Paradies ist der Pinzgau für **Mountainbiker,** die z. B. in der Gegend um **Saalfelden** 66 unzählige Routen vorfinden. Und für eine Abkühlung eignen sich die Ufer des **Zeller Sees** [F8–9] neben der **Bezirkshauptstadt Zell am See** 59. Erlebnisreiche Stunden versprechen auch die **Saalachtaler Naturgewalten** (s. S. 101).

› www.pinzgau.info

58 Raurisertal ★★ [H9]

Das durch den Jahrhunderte währenden Goldabbau geprägte Raurisertal folgt der Rauriser Ache und endet am Fuße des Gipfels Hoher Sonnblick (3105 m). Es bildet den äußersten Südosten des Pinzgaus.

Unmittelbar am nördlichen Talrand liegt die romantische, etwa 1,5 km lange **Kitzlochklamm,** die man auf gesicherten Stegen und über eine spektakuläre Brücke begehen oder im Rahmen einer **Raftingtour** erleben kann. Durch diese Schlucht – sie gilt als eine der schönsten der österreichischen Alpen – rauscht die Rauriser Ache.

Südlich der Kitzlochklamm kommt man nach etwa 9 km in den Hauptort des Raurisertals, das kleine **Rauris** [H10]. Rauris ist durch **Goldbergbau** reich geworden und nach wie vor strahlt der Ort etwas von diesem Glanz aus. So finden sich hübsche **Bürgerhäuser,** darunter auf der Marktstraße das repräsentative **Voglmaierhaus** aus der ersten Hälfte des 16. Jh., in dem gegenwärtig das Gemeindeamt ansässig ist. Im **Talmuseum** erfährt man allerlei Wissenswertes zum lokalen Brauchtum und zum Goldbergbau. Wer eigenhändig sein Glück beim **Goldwaschen** versuchen möchte, kann dies im Sommer über die **Erlebniswelt Tauerngold** organisieren lassen.

Mit der **Seilbahn** erreicht man von Rauris aus die westlich des Ortes gelegene **Hochalm** (1767 m) mit der **Greifvogelwarte** (s. S. 90), die sich durch spektakuläre Wanderwege auszeichnet, z. B. auf die **Schwarzwand** (2193 m) oder den **Reißrachkopf** (2210 m).

Wenige Kilometer weiter südlich bildet **Wörth** [H10] gewissermaßen

MEIN TIPP

Greifvögel hautnah erleben

Wer Steinadler, Gänsegeier und Co. in freier Wildbahn erleben möchte, kann zu vierstündigen **geführten Wanderungen ins Krumltal** – auch bekannt als **„Tal der Geier"** – aufbrechen.
Oder man fährt mit der Rauriser **Hochalm-Gondelbahn** zur Beobachtungsstation der **Greifvogelwarte Hochalm** in 1600 m Höhe. Von einem Berufsfalkner erfährt man hier alles Wissenswerte über die Lebensgewohnheiten der eindrucksvollen Geschöpfe und kann an Vorführungen teilnehmen.

› **Wanderung im Tal der Geier:** Mitte Juli–Anf. Sept. immer mittwochs, Treffpunkt: Parkplatz Krumltal. www.raurisertal.at/de/sommer/raurisertal/tal-der-geier

› **Greifvogelwarte Hochalm,** erreichbar über die Seilbahn zur Hochalm (s. rechts), Vorführungen Mi, Sa, So 11 und 14.30 Uhr, Eintritt: 13,80 €, erm. 9,70 € (inkl. Berg- und Talfahrt)

das Tor zum **Nationalpark Hohe Tauern** (s. S. 96). In der **Nationalpark-Ausstellung „Könige der Lüfte"** in Rauris lassen sich die größten Greifvögel der Alpen begutachten, denen man auch bei geführten Wanderungen nahekommen kann (s. oben).

Fast am Ende der Fahrstraße, etwa 20 km südlich von Rauris, liegt die Siedlung **Kolm-Saigurn,** um die sich einst das wichtigste **Goldabbaugebiet** ausbreitete. Heute kann man es auf einem **Lehrpfad** erkunden.

Spannend ist zudem die Wanderung durch den **Rauriser Urwald** mit seiner mystischen Moorlandschaft. Die beste Aussicht hat man von dem bereits erwähnten **Hohen Sonnblick,** auf dem eine meteorologische Beobachtungsstation steht, die bereits 1886 errichtet wurde und als höchstgelegene ganzjährig betriebene Wetterwarte gilt.

› www.raurisertal.at

★**185 Kitzlochklamm,** Kitzlochklammstr. 16, Taxenbach, Parkplatz am Eingang, www.taxenbach.at/de/sommer/kitzlochklamm, Mai–Sept. tägl. 8–18, Okt. tägl. 9–16 Uhr, Eintritt: 9 €, erm. 6,50 €, **Rafting:** www.raftingcenter.com

186 Talmuseum Rauris, Marktstr. 59, Tel. 06544 6253, Mo–Mi 15–18, Fr 19–21 Uhr, Eintritt: 4 €, erm. 2 €

★**187 Erlebniswelt Tauerngold,** Kolmstr. 6, Rauris, Tel. 06544 7052, www.goldsuchen.at, Mitte Juni–Mitte Sept. tägl. 9.45–17 Uhr, Goldwaschen-Kurs inkl. Ausrüstung: 7 €

› **Seilbahn zur Hochalm:** ganzjähriger Betrieb, www.hochalmbahnen.at, Berg- und Talfahrt 20,70 €, erm. 12,50 €

188 Haus „König der Lüfte" Nationalpark Hohe Tauern, Dorfstr. 27, Rauris, Tel. 06562 40849, www.nationalpark.at, Juli/Aug. tägl. 10–18, Ende Mai–Ende Juni u. Sept./Okt. tägl. 13–17 Uhr, Eintritt: 5 €, erm. 3 €

189 Buchebener Wirt, Kirchbichlweg 40, Bucheben, Tel. 0664 6559191. Schnapsbrennerei in einem mehr als 500 Jahre alten Gebäudeensemble.

59 Zell am See ★★★ [F8]

Mit rund 10.000 Einwohnern ist Zell am See als Bezirkshauptstadt zwar nicht die größte, aber im administrativen, wirtschaftlichen und kulturellen Sinne die wichtigste Stadt im Pinzgau. Ursprünglich ein bedeutender Marktort, hielt der Fremdenverkehr Ende des 19. Jh. Einzug. Die Habsburger – allen voran Kaiserin Elisabeth – waren von der Kombination aus Bergen, Gletschern und Seelandschaft begeistert.

Bis heute strahlt der Ort eine ganz besondere Lieblichkeit aus, weshalb

Traumhafte Route: die Großglockner-Hochalpenstraße

Fährt man von Taxenbach [G9] am Ausgang des Raurisertals 58 westwärts, erreicht man nach knapp 11 km das Örtchen Bruck [F9]. Hier zweigt südwärts die weltberühmte, seit 1935 bestehende Großglockner-Hochalpenstraße ab, die Zell am See 59 mit Heiligenblut in Kärnten verbindet und über die Pässe am Fuscher Törl (2428 m) und am Hochtor (2504 m) den Tauernkamm überwindet. Als eine der sagenhaftesten Hochgebirgsstraßen Europas ist sie ein Erlebnis der Extraklasse, doch in Anbetracht der vielen Kehren sollte man über ausreichend Fahrerfahrung verfügen.

Die Straße ist mautpflichtig und wird von den meisten Fahrern der Aussicht wegen genutzt. Insgesamt ist die Großglockner-Hochalpenstraße 48 km lang, wobei 33 km auf Salzburger Territorium verlaufen.

Ein Erlebnis entlang der Route ist zunächst der **Wild & Erlebnispark Ferleiten** etwa 14 km südlich von Bruck, wo zahllose regionale Bergtiere – inklusive Bären, Wisenten und Wölfen – in Gehegen leben. Auf den folgenden Kilometern windet sich die Straße bergauf; an mehreren Punkten finden sich Parkplätze, wo man sowohl immer wieder einen hinreißenden Ausblick genießen als auch zu diversen lohnenden Lehrpfaden aufbrechen kann.

Ein Abstecher führt zur 2571 m hohen **Edelweißspitze,** einem absoluten Muss bei der Befahrung der umgangssprachlich oft nur Glocknerstraße genannten Strecke, denn von der Aussichtsplattform auf dem Berg erspäht man 37 Dreitausender und 19 Gletscher! Außerdem lädt hier ein Berggasthof zur Einkehr ein.

Den höchsten Punkt des Passes bildet das 2576 m hohe Hochtor, das man jedoch in einem 300 m langen Tunnel unterquert. Dann befindet man sich bereits in Kärnten. Die Strecke endet im viel frequentierten Ort Heiligenblut auf 1310 m Höhe. Die allermeisten Besucher kommen hierher, um in den Genuss des **Großglockners** zu kommen, mit 3798 m der höchste Berg Österreichs.

Vorsicht: Witterungsbedingt ist die Straße nur zwischen Mai und September zu bestimmten Zeiten (meist 6–19.30 Uhr) geöffnet. Speziell in der Hochsaison kann es voll werden, immerhin befahren jährlich gut 270.000 Fahrzeuge die Strecke.

› **Maut:** Tageskarte für Pkw 38 €, für Motorräder 28 €

★**190 Wild & Erlebnispark Ferleiten**, Ferleiten 2, Fusch an der Großglocknerstraße, auch per Postbus (s. S. 18) erreichbar, Tel. 06546 220, www.wildpark-ferleiten.at, Juli/Aug. tägl. 9–20, Mai/Juni u. Sept./Okt. tägl. 9–18 Uhr, Eintritt: 9,50 €, erm. 4,50 €

› **Edelweißspitze:** www.edelweissspitze.at

› **Großglockner:** www.grossglockner.at

073ms-lm

074ms-dk

MEIN TIPP

Wenn's spritzt und blitzt: der Zeller Seezauber

Zwischen Mitte Mai und Mitte Oktober findet Di, Do und So immer um 21.30 Uhr eine **20-minütige Wasser-, Licht-, Musik- und Lasershow am Zeller See** statt – und das kostenfrei. Ort des Geschehens ist der Elisabethpark. Außerdem lassen sich im Rahmen der **Tagesshows** täglich zwischen 13 und 18 Uhr zu jeder vollen Stunde ebenfalls Wasserspiele mit Musik erleben.

› **Infos:** www.zellamsee-kaprun.com/de/events/zeller-seezauber

er ganzjährig von Reisenden aus aller Welt besucht wird, darunter zahlreiche Gäste aus den Golfstaaten. Historische Zeugnisse in der reizenden, weitestgehend verkehrsberuhigten **Altstadt** sind der 24 m hohe **Vogtturm,** in dem sich das **Stadtmuseum** befindet, die **Stadtpfarrkirche St. Hippolyt** und das **Schloss Rosenberg,** in dem das Rathaus untergebracht ist.

Vor der Stadt dehnt sich der kristallklare **Zeller See** aus, der mit einer Fläche von 4,55 km² und einer maximalen Tiefe von 69 m zu den größten Gewässern des Bundeslandes gehört und in Zell von der **Esplanade** genannten Uferstraße aus betrachtet werden kann. Hier befindet sich auch ein **Strandbad.** Auf einer Landzunge steht das mondäne **Grand Hotel** samt **Casino** mit dem **Hundertwasserbrunnen** davor.

Auf dem See verkehren **Ausflugsschiffe,** die auch in den umliegenden Seeorten halten, wie Thumersbach am Ostufer oder Schüttdorf im Süden. Darüber hinaus bieten sich rund um den See viele Gelegenheiten zur sportlichen Betätigung: Es gibt ein reiches **Wassersportangebot,** von Segeln über Surfen bis zum Verleih von Tret- und Elektrobooten. Auch Paragleiten, Segelfliegen, Flugzeug- und Helikopterrundflüge, Fallschirmsprünge, Golf u. v. m. sind möglich.

Westlich von Zell erhebt sich die per **Seilbahn** zu erreichende, 1965 m hohe **Schmittenhöhe** mit ihrer atemberaubenden Panoramaaussicht. Wanderungen führen auf den **Sonnkogel** (1834 m) und auf die **Sonnalm** (1382 m).

Die **Pinzgauer Schmalspurbahn** verbindet Zell am See mit dem Ort **Krimml** [A10] – auch Fahrten mit dem nostalgischen **Dampfzug** sind möglich (nur bis Niedernsill).

191 Stadtmuseum im Vogtturm, Stadtplatz 8, Tel. 06542 20509, www.vogtturm.at, Mi–So 14–18 Uhr, Eintritt: 9 €, erm. 4,50 €

› **Rundfahrten auf dem Zeller See:** Mai–Anf. Nov., www.schmitten.at/schifffahrt

› **Seilbahn zur Schmittenhöhe:** www.schmitten.at, Berg- und Talfahrt inkl. aller Attraktionen 32,50 €, erm. 16 €

› **Sportangebote:** www.paragliding-zellamsee.com, www.golf-zellamsee.at

› **Pinzgauer Lokalbahn:** www.pinzgauerlokalbahn.at (unter „Erlebnisse & Nostalgie" Infos zu Dampfzugfahrten)

Infos, Gastronomie, Einkaufen

192 Zell am See Tourismus Information, Brucker Bundesstr. 1a, Tel. 06542 770, www.zellamsee-kaprun.com

193 Steinerwirt €€, Dreifaltigkeitsgasse 2, Tel. 06542 72502, www.steinerwirt.com. Eines der ältesten Gasthäuser des Pinzgaus und zugleich eines der gemütlichsten, in dem gehobene österreichische Küche serviert wird.

194 Zum Metzgerwirt €€-€€€, Sebastian-Hörl-Str. 11, Tel. 06542 781410, www.romantik-hotel.at/urlaub/wirtshaus-metzgerwirt-zell-am-see.html. Edles Wirtshaus mit regionalen Spezialitäten aus hochwertigen Zutaten und einer Reihe von ausgesuchten Weinen.

195 Heimatgold (Zell am See), Bahnhofstr. 1, Tel. 03687 22505500, www.heimatgold.at. Zweite Filiale des Feinkostgeschäfts (weitere in Schladming, s. S. 69). Hier gibt es u. a. regionales Bier, Tees, Knabbereien und Gelees, dazu Käse, Wurst und Bauernbrot.

◁ Perfekt für einen Spaziergang: die Esplanade in Zell am See 59

▷ Dem rauschenden Nass ganz nah: die Sigmund-Thun-Klamm in Kaprun

60 Kaprun ★★★ [F9]

Wer atemberaubende Panoramablicke aus luftigen Höhen schätzt, der ist hier goldrichtig. Etwa 9 km südlich von Zell am See 59 liegt Kaprun am Fuße der Hohen Tauern im Bereich der Glocknergruppe, wobei Teile des Gemeindegebiets zum gleichnamigen Nationalpark (s. S. 96) gehören.

In Kaprun gibt es eine Handvoll Sehenswürdigkeiten, darunter eine **Burg** aus dem 13. Jh., die heute für kulturelle Events genutzt wird, und ein **Oldtimer-Museum**, das auf etwa 1400 m² Ausstellungsfläche Autos, Motorräder und Traktoren der 1950er- bis 70er-Jahre zeigt.

Eine Stippvisite wert ist ferner das gigantische **Pumpspeicherkraftwerk** im Süden Kapruns. Besichtigen lässt sich das angeschlossene **Infozentrum.** Gleich daneben liegt der Eingang zur erlebenswerten **Sigmund-Thun-Klamm**, die sich auf einem **Lehrpfad** begehen lässt und an einem beeindruckenden **Wasserfall** an der Kapruner Ache vorbeiführt.

076ms-dk

Mit dem **Großen Wiesbachhorn** [F10] (3564 m) erhebt sich der siebthöchste Gipfel Österreichs nur wenige Kilometer von Kaprun entfernt. Westlich liegt der **Maiskogel** (1570 m). Hier befindet sich die bei Kindern beliebte, ganzjährig betriebene Alpenrodelbahn **Maisi Flitzer.**

MEIN TIPP

Ausflug zu den Hochgebirgsstauseen

Folgt man der **Kapruner Ache** flussaufwärts gen Süden, endet die Straße am **Kesselfall-Alpenhaus** [F10]. Von dort führt die Besichtigungstour **„Erlebniswelt Strom und Eis“** mit zwei Bussen und **Schrägaufzug** zu den beiden **Hochgebirgsstauseen** auf bis zu 2040 m Höhe. Sie heißen Wasserfallboden und Mooserboden. Oben angekommen, kann man sich einer **Staumauerführung** (6,50 €, erm. 4 €) anschließen.

★**199 Kaprun Hochgebirgsstauseen,** Kesselfallstr. 98, Tel. 050 31323201, www.verbund.com/de-at/ueber-verbund/besucherzentren/kaprun, Ende Mai–Mitte Okt. tägl. geöffnet

075ms-dk

Weit größer ist das Gebiet um das **Kitzsteinhorn** [E10] (3203 m), das man ab Kaprun-Thörl mithilfe verschiedener **Gondelbahnen** erreicht. Auf dem Gipfel garantieren gleich zwei **Aussichtsplattformen** den ultimativen Weitblick. Noch ein Stück weiter gen Süden lassen sich die beiden Kapruner **Hochgebirgsstauseen** (s. links) besuchen.

Verlässt man Kaprun in nordwestliche Richtung, erreicht man Piesendorf, einen besonders bei **Gleitfliegern** beliebten Ort, denn rund um den **Erlebnisberg Nagelköpfl** (1090 m) herrschen ideale Windbedingungen.

› www.zellamsee-kaprun.com

196 Vötter's Oldtimer-Museum, Schlossstr. 32, Kaprun, www.oldtimer-museum.at, tägl. 10–18 Uhr, Eintritt: 12 €, erm. 5,90 €

› **Infozentrum Kraftwerk Kaprun,** tägl. 8–18 Uhr, Eintritt frei

★**197 Sigmund-Thun-Klamm,** Kesselfallstr./Krafthausstr. 22, Tel. 0681 84924737, www.klamm-kaprun.at, Juli/Aug. tägl. 8.30–19, Mitte Mai–Sept. tägl. 8.30–17, Okt. tägl. 10–15 Uhr, Eintritt: ab 5,90 €, erm. ab 3,80 €

› **Maisi Flitzer:** www.zellamsee-kaprun.com/de/erleben/ausflugsziele/maisi-flitzer

› **Gondelbahnen auf das Kitzsteinhorn:** www.kitzsteinhorn.at, Berg- und Talfahrt 49,50 €, erm. 37 €

› **Erlebnisberg Nagelköpfl:** www.piesendorf.at/de/erlebnisberg

198 Hilberger's Beisl €€, Wilhelm-Fazokas-Str. 12, Tel. 06547 7246, www.hilberger.at. Zwischending aus Restaurant und Weinbar mit interessanter, saisonal wechselnder Speiseauswahl.

◁ Wasserspeicher zur Stromerzeugung: der untere der beiden Kapruner Hochgebirgsstauseen

61 Stubachtal ★★ [D10]

Das landschaftlich reizvolle Stubachtal verläuft von Nord nach Süd im Tal der **Stubache,** einem Nebenfluss der Salzach. Es endet nach 17 km am **Stausee Enzingerboden.** Hier befindet man sich am Rande des **Nationalparks Hohe Tauern** (s. S. 96), zwischen der Venedigergruppe im Westen und der Glocknergruppe im Süden.

Der Hauptort des Tals ist das kleine **Uttendorf,** das mit einem interessanten Freilichtmuseum zur keltischen Vergangenheit überrascht, dem **Keltendorf Stoanabichl.**

Vom Enzingerboden, einem Hochplateau in 1438 m Höhe, führt eine **Seilbahn** hinauf zum **Grünsee** (1742 m) und zum **Weißsee** (2308 m), um den verschiedene Klettersteige und Wanderwege in hochalpiner Gebirgslandschaft verlaufen. Das Areal firmiert unter dem Namen **Gletscherwelt.**

Anspruchsvolle Routen führen zum **Stubacher Sonnblick** (3088 m) oder zur **Granatspitze** (3086 m), die beide unmittelbar an der Tiroler Grenze liegen. Weniger schweißtreibend sind die Wanderwege zum **Medelzkopf** (2762 m) oder zum pittoresken **Tauernmoossee** [E10], einem Stausee auf 2023 m Höhe.

› www.nationalpark.at/de/der-nationalpark/natur/taeler-gipfel/stubachtal

› www.uttendorf.com

M **200 Keltendorf Stoanabichl,** Quettensberg 93, Uttendorf, Tel. 0660 6229957, www.museumswelten-hohetauern.at/keltendorf-uttendorf, Führungen in den Monaten Mai–Okt. auf Anfrage, Eintritt: 8 €, erm. 4 €

› **Seilbahn zum Weißsee:** www.gletscherwelt-weissee.at, Berg- und Talfahrt 29 €, erm. 14,50 €

62 Mittersill ★★ [D9]

Mit etwa 5600 Einwohnern ist Mittersill de facto das Zentrum des westlichen Pinzgaus und als Verkehrsknotenpunkt äußerst wichtig. Das Städtchen bildet das Tor zum Nationalpark Hohe Tauern, dem größten seiner Art in den gesamten Alpen.

Seit frühester Zeit war Mittersill ein entscheidender Marktplatz, heute hat man es mit einem charmanten Ort zu tun, in dem das **Heimatmuseum im Felberturm** einige interessante Ausstellungsstücke zum Thema Alpinismus bereithält.

Bekannt ist Mittersill v. a. durch seine Lage am **Nationalpark Hohe Tauern** (s. S. 96). Im Nationalparkzentrum namens **NationalparkWelten** erfährt man alles Wissenswerte zum Schutzgebiet. Die Ausstellung ist ausgesprochen informativ und interaktiv aufbereitet, mitsamt virtueller 360-Grad-Aussichtsplattform, 3-D-Kino und Mineralienausstellung.

Das hoch über dem Ort thronende **Schloss** stammt aus dem 12. Jh. und birgt heute ein **Hotel** (s. S. 16).

Etwa 8 km weiter südlich gelangt man zum Naturdenkmal **Schößwendklamm** [D10], gut zugänglich über Steganlagen. Außerdem liegt hier im Talschluss des Felbertals der malerische, kleine **Hintersee** auf 1313 m Höhe, der sich im Rahmen einer Wanderung umrunden lässt.

Verlässt man Mittersill gen Westen, erreicht man nach nicht einmal 6 km **Hollersbach** [C9], ein perfektes Ziel für all jene, die mehr über alpine Kräuter und Heilpflanzen erfahren wollen. Ab Hollersbach fährt eine **Panoramabahn** hinauf auf die **Resterhöhe** (1894 m), wo man diverse Wanderungen unternehmen kann.

› www.mittersill-tourismus.at

201 Felberturm Museum, Museumstr. 2, www.museumswelten-hohetauern.at/felberturmmuseum-mittersill, Tel. 0660 9877757, Mai–Sept. Mi–So 10–17 Uhr, Eintritt: 8,60 €, erm. 4,30 €

202 NationalparkWelten, Gerlosstr. 18, Tel. 06562 40939, www.nationalpark.at/de/nationalparkzentrum, tägl. 9–18, im Winter bis 17 Uhr, Eintritt: 13 €, erm. 6,50 €

› **Hollersbacher Kräutergarten und Bienenpfad**: www.hollersbacher.at

Gastronomie

203 Bräurup €€, Kirchgasse 9, Mittersill, Tel. 06562 62160, www.braurup.at. Wundervolles Wirtshaus mit traditionellen Gerichten, selbst gebrautem Bier und gemütlichem Gastgarten.

204 Rauchkuchl €€, Weyerstr. 8, Stuhlfelden, Tel. 06562 5118, www.schwaigerlehen.at. Hier bekommt man sie noch, Gerichte von anno dazumal, gekocht aus Zutaten der Region und dem eigenen Garten. Reservierung erbeten.

Nationalpark Hohe Tauern – Natur pur!

Der Nationalpark Hohe Tauern stellt mit einer Fläche von 1856 km² eines der größten Schutzgebiete Mitteleuropas dar. Etwa 43 % des Nationalparks liegen im Bundesland Salzburg, 33 % in Osttirol und 24 % in Kärnten. Dabei ist der Park jedoch kein zusammenhängendes Areal, sondern besteht aus mehreren Teilgebieten. Er umfasst weite Teile des zentralalpinen Hauptkamms der Ostalpen und erstreckt sich über 100 km von Ost nach West sowie über 40 km von Nord nach Süd. Auf dem Gebiet des Nationalparks liegen 300 Berggipfel mit mindestens 3000 m Höhe, darunter sowohl der 3798 m hohe Großglockner als auch der 3657 m hohe Großvenediger. Es gibt ferner ca. 340 Gletscher, 550 Bergseen, zahlreiche Klammen, Wasserfälle, Achen, Moore sowie die Quellen der Isel, Möll, Mur und Salzach. Dazu überrascht der Nationalpark mit einer außergewöhnlichen Flora und Fauna: Hier sind über 10.000 Tier- und Pflanzenarten heimisch. Somit sind die Hohen Tauern das perfekte Ziel für all diejenigen, die in den Genuss hochalpiner Naturerlebnisse kommen möchten.

Die einzelnen Abschnitte des gewaltigen Hauptgebirgszuges und die nördlich und südlich verlaufenden Täler präsentieren sich teils sehr unterschiedlich. Wer sich im Nationalpark auf den Weg machen möchte, findet mehrere 1000 km markierte und gepflegte Wanderwege. Geboten werden außerdem von Nationalpark-Rangern geleitete Exkursionen wie Almbesteigungen, Gletschertouren, Heilpflanzenlehrpfade, Wildtierbeobachtungen, Schneeschuhwanderungen u. v. m.

› www.nationalpark.at

103ms©grafxart, stock.adobe.com

63 Habachtal ★★ [C10]

Aufgrund seines in Europa einzigartigen Smaragdreichtums wird das Habachtal bei Bramberg als „Tal der Smaragde" bezeichnet. Und wer ein wenig Glück und Geschick hat, kann das „grüne Feuer" selbst beim Schürfen in den Rinnen des Leckbachs oder des Habachs finden.

Das Habachtal zieht sich von Nord nach Süd und wird vom **Habach** durchflossen. Hier, zwischen Mittersill 62 und der Tiroler Landesgrenze, finden sich Europas einzige ernst zu nehmende **Smaragdvorkommen.** Das Örtchen **Bramberg** [C9] liegt am Nordeingang des Tals, ein **Museum** im Ort liefert viel Aufschlussreiches zum Thema Edelsteine.

Das Habachtal lässt sich auf dem **Smaragdweg** erwandern. An einigen Stellen kann man sogar selbst nach den „Klunkern" graben – mehr Informationen und leihweise auch das entsprechende Equipment bekommt man beim **Almgasthof Alpenrose.**

Nordwestlich von Bramberg befindet sich der **Wildkogel** [B9] (2224 m), den man auch aus dem rund 6 km südwestlich gelegenen **Neukirchen** [B10] per **Seilbahn** erreicht. Hier lockt die mit 14 km längste beleuchtete **Rodelbahn** der Welt, die 40 Minuten Fahrspaß garantiert – so lange dauert eine Abfahrt. Der Wildkogel ist für Wanderungen, z. B. auf den **Frühmesser** (2233 m) oder die **Geige** (2084 m), aber auch zum Moutainbiken, Paragleiten u. v. m. bestens geeignet.

Neukirchen selbst besitzt ein geschichtsträchtiges Schloss und ist wie Mittersill Ausgangspunkt für Ausflüge in den **Nationalpark Hohe Tauern** (s. links). Südlich des Ortes erstreckt sich das Nationalparkareal mit dem romantischen, vollkommen unbewohnten, 12 km langen **Untersulzbachtal.** Lohnenswert sind hier Besuche des **Sulzbachfalls** [B10] und des **Untersulzbachtaltörls** am Talschluss des Viltragenkees (Kees = Gletscher) unterhalb des Kleinvenedigers (3468 m). Törl nennt man in Österreich eine schmale, felsige, wie ein Tor geformte Öffnung im Fels.

Parallel dazu verläuft weiter westlich das 14 km lange **Obersulzbachtal** [B10] mit dem kleinen, romantischen **Blausee** bis zum Gletscher Obersulzbachkees, das den Talschluss kurz vor dem **Großvenediger** – mit 3657 m Höhe Salzburgs höchster Berg – bildet. Möchte man den Großvenediger „bezwingen", erreicht man den Gipfel über die hoch gelegene **Kürsingerhütte** (2558 m).

› www.nationalpark.at/de/der-nationalpark/natur/taeler-gipfel/habachtal

205 Museum Bramberg, Weichseldorf 27, Tel. 06566 7678, www.museumbramberg.at, Juni–Sept. tägl. 10–18, Mai u. Okt. Di, Do u. So 10–18, Dez.–April Do 19–21.30, Fr 13–17 Uhr, Eintritt: 8 €, erm. 4 €

› **Smaragdgraben:** www.alpenrose-habachtal.at/huette.htm

› **Seilbahn zum Wildkogel:** www.wildkogel-arena.at, Berg- und Talfahrt ab 26 €, erm. 10,50 €

› **Paragleiten:** www.flugschule-pinzgau.at

› **Kürsingerhütte:** http://kuersinger.at

Gastronomie, Einkaufen

206 Weyerhof €€, Weyer 9, Bramberg, Tel. 06566 7238, www.weyerhof.at. Köstliche regionale Spezialitäten gibt es hier in der Nähe des Habachtals.

207 Mineralien & Schmuck Steiner, Steinach 12, Bramberg, Tel. 06566 7597, www.mineralien-steiner.at. In dieser Smaragdschleiferei findet sich edler Schmuck aus den hiesigen (teilweise historischen) Edelsteinstollen.

64 Krimmler Wasserfälle ★★★ [A10]

Die Krimmler Wasserfälle sind eines der atemberaubendsten Naturschauspiele Österreichs und mit durchschnittlich 400.000 Besuchern im Jahr sind sie auch eine der großen Touristenattraktionen des Landes.

Im äußersten Westen des Pinzgaus liegt Krimml. Auf einer Höhe von 385 m stürzt hier die **Krimmler Ache** über **drei Stufen** bergab und transportiert dabei bis zu 5,6 m³ Wasser pro Sekunde. Der Fluss wird von insgesamt zwölf Gletschern gespeist. Im Ortszentrum Krimmls bietet die Ausstellung **WasserWelten** viel Spannendes rund um das Thema H_2O. Bestandteil sind u. a. das Haus des Wassers mit Experimenten, ein Aquapark mit Kneipp-Anlage und das Aquaszenarium mit Multimedia-Show.

Man kann die Krimmler Wasserfälle auf einem fast 4 km langen **Wanderweg** erkunden und genießt von diversen **Aussichtspunkten** immer wieder einen sagenhaften Ausblick auf das Naturwunder – durch das Spritzwasser wird es allerdings feucht!

077ms-vk

Wer nach der Besichtigung der Wasserfälle noch Energie hat, kann die Wanderung bergauf bis zum **Krimmler Tauernhaus** auf 1631 m Höhe fortsetzen. Von hier verlaufen Wanderwege zur **Richterhütte** (2374 m) oder zum **Reinbachsee** (2404 m) oder sogar noch weiter auf den **Glockenkarkopf** (2911 m) oder zum **Krimmler Tauern** (2633 m).

Nordwestlich von Krimml liegt am **Speicher Durlaßboden** bzw. am **Gerlospass** die Grenze zu Tirol. Auf der Salzburger Seite des Speichersees kann man durch das Wildgerlostal bis zum weltfernen **Unteren Gerlossee** und weiter auf den **Roßkopf** (2845 m) wandern. Im Örtchen **Hochkrimml** und nördlich des Gerlospasses in **Königsleiten** befindet man sich auf der Gerlosplatte um den **Plattenkogel** (2038 m).

› www.krimml.at

› **Krimmler Wasserfälle,** Krimml 47, Tel. 06564 7212, www.wasserfaelle-krimml.at, Mitte April–Mitte Okt. ganztägig, Eintritt: ab 5 €, erm. ab 2 €. Es gibt auch Kombitickets für die Wasserfälle und die WasserWelten.

208 WasserWelten Krimml, Oberkrimml 45, Tel. 06564 20113, www.wasserwelten-krimml.at, Mai–Ende Okt. tägl. 9–17 Uhr, Eintritt: ab 13,90 €, erm. 6,90 € (Kombiticket inkl. Wasserfälle)

› **Krimmler Tauernhaus:** www.krimmler-tauernhaus.at

› **Richterhütte:** www.richterhuette.com

› **Wildgerlostal:** www.nationalpark.at/de/der-nationalpark/natur/taeler-gipfel/wildgerlostal

› **Hochkrimml und Königsleiten:** www.zillertalarena.com

Wo es rauscht und spritzt: In Krimml locken die höchsten Wasserfälle Österreichs

65 Glemmtal ★★ [E8]

Nordwestlich von Zell am See 59 zieht sich das Glemmtal westwärts entlang des Saalbachs. Zwar rechnet man diesen Landstrich bereits zum Saalachtal (s. S. 101), doch durch die Verkehrsanbindung an die Bezirkshauptstadt Zell am See ist es sinnvoller, diese Gegend hier zu behandeln.

Die beiden Hauptorte **Saalbach** und das knapp 4 km weiter westlich gelegene **Hinterglemm** weisen eine weitgehend auf **Wintertouristen** ausgerichtete Infrastruktur aus – in der schneefreien Jahreszeit bleiben viele Hotels und Lokale geschlossen. Doch im Rahmen von **Tagesausflügen** lohnt sich auch im Sommer ein Besuch, gibt es dort doch ein breites Angebot an Outdoor-Aktivitäten sowie Spiel, Erlebnis und Abenteuer für Groß und Klein: So findet sich hier eine **Kartbahn** und auf der **Lindlingalm** [D8] am Talschluss ein lohnender **Hochseilpark** samt Flying-Fox-Seilrutsche, der **Baumzipfelweg** mit einer das Tal überspannenden **Hängebrücke** als Highlight sowie der Kinder-Abenteuerpark **Schnitza's Holzpark.**

Von **Viehhofen** [F8] aus, etwa 8 km östlich von Saalbach, gelangt man per **Gondel** auf das **Salersbachköpfl** (1920 m). Eine reizvolle Route führt außerdem von Viehhofen auf den **Sausteigen** (1912 m).

› www.saalbach.com

S209 **Kartbahn Saalbach,** Vorderglemm 85, www.kartbahn-saalbach.at, Ende Mai–Mitte Sept. Mi–So 14–18 Uhr, Fahrten ab 13 €

› **Lindlingalm:** www.lindlingalm.at

S210 **Hochseilpark Saalbach,** Talschlussweg 367, Hinterglemm, Tel. 06217 29029, www.hochseilpark.at, Juli/Aug. tägl. 9.30–18, Anf.–Mitte Sept. tägl. 10–18, Juni u. Mitte Sept.–Mitte Okt. Sa/So 10–18 Uhr, Eintritt: ab 27 €, erm. ab 15 €

› **Baumzipfelweg mit Golden-Gate-Bridge der Alpen**: www.baumzipfelweg.at

› **Schnitza's Holzpark**: www.schnitza.at

211 **Der Brandlwirt** €€, Ritzsenseestr. 1, Saalfelden, Tel. 06582 72460, www.brandlwirt.at. Örtliche Spezialitäten aus lokalen Produkten.

66 Saalfelden am Steinernen Meer ★★ [G7]

Auch der Norden des Pinzgaus wird von der Saalach durchflossen, im Westen flankiert vom Tiroler Pillerseetal und im Osten vom Steinernen Meer. Ungeachtet des poetisch klingenden Namens handelt es sich bei Letzterem um ein schroffes Karstplateau, das durch zahlreiche Hochflächen und Höhlen gekennzeichnet ist.

Saalfelden ist mit 16.700 Einwohnern nach Salzburg und Hallein 39 immerhin die **drittgrößte Stadt** im Bundesland Salzburg und damit größer als die Bezirkshauptstadt Zell am See 59. Kulturell ist sie v. a. wegen des hier alljährlich stattfindenden **Jazzfestivals** (s. S. 121) berühmt. Im **Heimatmuseum im Schloss Ritzen** lässt sich eine erstaunliche Sammlung historischer Krippen begutachten.

Saalfelden ist vor allem bei Radfahrern und Wanderern beliebt, speziell für anspruchsvolle Touren im Steinernen Meer, etwa auf das **Breithorn** (2504 m), die **Schönfeldspitze** (2653 m) oder das **Selbhorn** (2655 m), wohingegen der nahe **Biberg** [F7] (mit Sommerrodelbahn) und die **Huggenbergalm** weniger schweißtreibend sind.

Für das volle Bergfeeling sollte man sich ins ca. 7 km nördlich von Saalbach gelegene **Leogang** [F7] be-

078ms-dk

MEIN TIPP

Wandern rund um den Birnbachgletscher

Eine reizvolle Wanderung führt von **Leogang** [F7] hinauf zu der Felshöhle **Birnbachloch** in rund 1270 m Höhe und zum **Birnbachgletscher,** dem tiefstgelegenen Gletscher Mitteleuropas, der langsam verschwindet – die regionalen Brauereien holten hier vor der Erfindung des elektrischen Kühlschranks ihr Eis. Oder man wandert weiter zum Gipfel des **Birnhorn** (2634 m).

geben. Neben Wandern und Klettern ist hier das **Mountainbiken** populär: Nicht umsonst finden in Leogang alljährlich im August die UCI Mountain Bike World Championships statt. Auch **Familien mit Kindern** erleben auf den Bergstationen – allen voran dem **Asitz** [F8], der vom örtlichen Tourismusverband als „Berg der Sinne" vermarktet wird – Spiel und Spaß, etwa in Form einer **Sommerrodelbahn** und der Stahlseilrutsche **Flying Fox XXL.** Außerdem gibt es ein großes Netz an Wanderwegen und sog. **TON-spur-Inseln:** überdachte Holzliegen, auf denen klassische Musik ertönt.

Wer sich für die Vergangenheit der Gegend interessiert, sollte das **Bergbau- und Gotikmuseum** besuchen, das in Hütten am Schwarzleograben, ca. 5 km westlich von Leogang, seine Pforten öffnet. In dem sich anschließenden Schwarzleotal befindet sich zudem ein beachtenswertes **Schaubergwerk.**

› www.saalfelden-leogang.com

212 Museum Schloss Ritzen, Museumsplatz 1, Saalfelden, Tel. 06582 72759, www.museum-saalfelden.at, Juni–Sept. Di–So 11–17, sonst Do–So 11–17 Uhr, Eintritt: 7 €, erm. 6,50 €

› **Biberg:** www.hochkoenig.at/de/sommer/sommerbahnen/sommerrodelbahn-am-biberg-in-saalfelden.html

› **Huggenbergalm:** www.huggenberg.at

› **Asitzbahn:** www.saalfelden-leogang.com/Berg-der-Sinne-de, Mitte Mai–Ende Okt. tägl. 9–16.30 Uhr, Berg- und Talfahrt 30 €, erm. 14,50 €

213 Bergbau- und Gotikmuseum Leogang, Hütten 10, Tel. 06583 7105, www.museum-leogang.at, Mitte Mai–Okt. Di–So 10–17 Uhr, Eintritt: 10 €, erm. 5 €

★**214 Schaubergwerk Leogang,** Schwarzleo 3, Tel. 0664 3375852, https://schaubergwerk-leogang.com, Juni–Sept. Di–So 10–17, Mai u. Okt. Mi–So 10–17 Uhr, Eintritt: 15 €, erm. 8 €

Gastronomie

215 Hüttwirt €€, Hütten 9, Leogang, Tel. 06583 8227, www.huettwirt.com. Unmittelbar an der Leoganger Ache gelegenes Wirtshaus mit einladender Terrasse.

216 Kirchenwirt €€€, Leogang 3, Tel. 06583 8216, www.hotelkirchenwirt.at/restaurant. Rustikale Küche mit regionalen Köstlichkeiten in durchaus magischem Ambiente.

Unprätentiös und dennoch charmant: das Zentrum von Saalfelden 66

Saalachtaler Naturgewalten ★★★

Der äußerste Norden des Pinzgaus wird vor allem von den hiesigen drei Naturdenkmälern geprägt, die von den Touristenverbänden unter dem Begriff „Saalachtaler Naturgewalten" zusammengefasst werden.

Ab Saalfelden 66 verläuft die Bundesstraße nordwärts entlang der Saalach. Sehenswert ist zunächst die imposante, engwandige, 600 m messende **Seisenbergklamm** [F6], durch die der wilde **Weißenbach** rauscht. Die Klamm lässt sich auf **Holzstegen** durchwandern, außerdem gibt es einen 3,5 km langen **Erlebnisweg**, der oberhalb des Wassers durch den Wald verläuft.

Ganz in der Nähe liegt die beeindruckende **Lamprechtshöhle** [F6], mit 62 km Gesamtausdehnung eine der längsten Durchgangshöhlen der Welt (eine Durchgangshöhle verfügt über einen natürlichen Ein- und Ausgang). Die Lamprechtshöhle kann man auf einer 700 m langen Teilstrecke begehen, muss dabei aber fast 400 Stufen überwinden. Augen auf, denn vielleicht finden Sie ja den sagenumwobenen **Schatz des Ritters Lamprecht**, der hier von seiner Tochter versteckt wurde, weshalb sie nun zur Strafe als weiße Jungfrau mit ihrem schwarzen Höhlenhund auf der Burgruine Saalegg spukt.

Als dritte Attraktion im Bunde lockt die **Vorderkaserklamm** [E6] entlang des Ödenbachs. Um die rund 400 m lange und 80 m tiefe Klamm erstreckt sich ein Naherholungsgebiet, in dem es ebenfalls einen **Erlebnisweg**, aber auch naturbelassene **Badestellen** gibt. Der Erlebnisweg umfasst rund 50 Stege und 35 Stiegen mit mehr als 370 Stufen.

Für den Besuch aller drei Naturgewalten ist an den Verkaufsstellen ein **Kombiticket** erhältlich.

› www.naturgewalten.at

★**217 Seisenbergklamm,** Unterweißbach 36, Weißbach, Tel. 06582 82424, www.seisenbergklamm.com, Mitte Mai–Okt. tägl. 9–17 Uhr, Eintritt: 6,50 €, erm. 4,30 €

★**218 Lamprechtshöhle,** Obsthurn 28, St. Martin, Tel. 06582 8343, www.lamprechtshoehle.at, Mai–Okt. tägl. 8.30–19 Uhr, sonst an den Wochenenden, Eintritt: 7 €, erm. 4 €

★**219 Vorderkaserklamm,** Obsthurn 42, St. Martin, Tel. 0664 3430899, www.vorderkaserklamm.at, Mai–Okt. 9.30–17, Juli/Aug. bis 18 Uhr, Eintritt: 6 €, erm. 3,60 €

220 Oafoch Guat, Unterweißbach 19, Weißbach, Tel. 0699 15041381, www.facebook.com/oafochguat. Feinkostgeschäft mit schmackhaften und typischen Lebensmitteln aus der Region.

67 Lofer ★★ [E6]

Dieser reizende Ort war bereits im ausgehenden 19. Jh. für den Fremdenverkehr bekannt und ist nach wie vor bei **Wanderern**, aber auch zum **Rafting und Canyoning** auf der Saalach beliebt. Mit seinem schmucken Bauensemble aus dem 18. Jh. ist Lofer durchaus einen Halt wert.

Nördlich vom Ortskern liegt die **Loferer Alm**, ein 422 ha großes Areal, das zahlreiche Rundwanderwege bietet – mit der **Seilbahn** gelangt man hinauf.

Südlich der Stadt erstrecken sich die **Loferer Steinberge**, wo u. a. das Große Ochsenhorn (2511 m) und das Hinterhorn (2504 m) für Gipfelbegehungen geeignet sind.

Nur knapp 3 km südlich von Lofer liegt die Gemeinde **St. Martin** [E–F6], die mit ihrer **Pfarrkirche** und der außerhalb des Ortes gelegenen **Wallfahrtskirche Maria Kirchental** gleich zwei bekannte Sakralbauten besitzt.

Nordöstlich von Lofer ist die **Mayrbergklamm** [E5] eine wenig besuchte, aber durchaus eindrucksvolle Alternative zu den Saalachtaler Naturgewalten (s. S. 101).

Folgt man der B178 nach Norden, erreicht man nach etwa 8 km **Unken** [E5], ein verträumtes **Wanderdorf** mit unzähligen Routen und Lehrpfaden in der näheren Umgebung. Unken liegt unweit des **Grenzübergangs Steinpass**, der nach Bayern führt und über Bad Reichenhall oder Berchtesgaden eine direkte Verbindung nach Salzburg und in den Flachgau darstellt – man spricht vom „Kleinen Deutschen Eck".

Noch ruhiger geht es im nahen, äußerst stillen **Heutal** [E5] mit dem **Mäander Hochmoor** zu, wo anspruchsvolle Touren auf das **Sonntagshorn** (1961 m) und zum **Staubfall** führen, einem rund 200 m hohen Wasserfall.

› www.lofer.com
› **Rafting auf der Saalach:** www.base-camp.at, www.motion.co.at
› **Seilbahn zur Almenwelt Lofer:** www.skialm-lofer.com, Berg- und Talfahrt 15,50 €, erm. 8 €
› **Unken:** www.unken.co.at
› **Heutal:** www.heutal.com

Gastronomie, Einkaufen

221 Am Platzl €€, Lofer 16, Tel. 0664 1155461, www.amplatzl.at. Eine kreative Mischung aus österreichischer und italienischer Küche gibt es in diesem Lokal mitten am Hauptplatz.

222 Gasthof Post €€, St. Martin bei Lofer 13, Tel. 06588 85020, www.gasthof-post.info. Klassisches Gasthaus mit Pinzgauer Spezialitäten.

223 Berger Feinste Confiserie, Schokoladenweg 1, Lofer, Tel. 06588 7616, www.confiserie-berger.at. Edle Schokopralinés gibt es hier am Firmensitz der Confiserie Berger.

224 Teh Naturwerke, Niederland 112, Unken, Tel. 0664 88678005, www.teh.at. Bei Teh werden diverse Produkte aus Pinzgauer Heilkräutern verkauft.

In Lofer scheinen die Uhren langsamer zu ticken

079ms-dk

Lungau

Im abgeschiedenen, weitgehend naturbelassenen Lungau geht es äußerst ruhig zu, strahlt diese rund 1000 km² große Talschaft doch vielerorts eine unverfälschte Idylle aus. Traumhafte Flusstäler und Bergwelten, über 60 Seen sowie mehr als 70 bewirtschaftete Almen wollen erkundet werden. Eine Prise städtisches Flair versprechen die reizenden Orte Tamsweg ⑪ *und Mauterndorf* ⑥⑨.

Südlich des Radstädter Tauernpasses erreicht man den **Bezirk Tamsweg**, der deckungsgleich mit der historischen Region Lungau ist. Aufgrund seiner **isolierten Höhenlage**, eingekesselt durch die Hohen Tauern im Westen, die Niederen Tauern im Norden und Osten sowie die Gurktaler Alpen im Süden, herrscht hier ein Klima, das sich durch wenig Wind, geringe Niederschläge, intensive Winter, aber auch viel Sonne auszeichnet.

Die Region ist seit jeher **wirtschaftlich unterprivilegiert** gewesen und obwohl seit den 1970er-Jahren mit der Tauernautobahn eine wichtige Verkehrsader das Gebiet quert, sind touristische Wintersportzentren rar gesät. Dafür hat man sich 2012 dazu entschlossen, den Lungau als **Biosphärenpark** auszuweisen. Ziel ist der Erhalt der biologischen Vielfalt und regionaler kultureller Werte. Folglich setzen die örtlichen Tourismusverbände auf **Nachhaltigkeit** und Umweltbewusstsein, weshalb der Lungau als Paradebeispiel für **sanften Tourismus** angesehen werden kann. Hinzu kommt, dass das örtliche **Brauchtum** hier nach wie vor ausgesprochen lebendig ist.

› www.lungau.at, www.biosphaerenpark.eu

68 St. Michael ★★ [M11]

Im äußersten Westen des Lungaus entspringt die Mur südöstlich des Murtörls (2260 m) auf einer Höhe von etwa 2050 m. Wenige Kilometer weiter westlich liegt mit St. Michael ein wichtiger Verkehrsknotenpunkt an der Grenze zu Kärnten.

In über 1000 m Höhe liegt die Marktgemeinde St. Michael am Fuße des **Speierecks** [M10] (2411 m), während im Süden der **Katschberg** (1641 m) aufragt, der die natürliche Grenze zum Kärntner Liesertal bildet. Südlich von St. Michael fließt die Mur und im Ort ist die mit Fresken verzierte **Pfarrkirche** die Hauptsehenswürdigkeit.

Im Umkreis von St. Michael gibt es mit der Wanderregion **Großeck-Speiereck** (s. S. 106) und den Gipfeln **Katschberg-Aineck** eine touristische Infrastruktur, die für Lungauer Verhältnisse ungewöhnlich kommerziell ist. Der Katschberg hat v. a. um die **Gamskogelhütte** (1851 m) und das **Aineck** (2220 m) traumhafte Wandermöglichkeiten vorzuweisen. Von der **Peterbaueralm** genießt man eine fantastische Panoramasicht, besonders zum Sonnenaufgang – hier begegnet man bisweilen Hochlandrindern, die auf der Alm grasen.

Auf den Spuren des alten Handelspfads kann man vom nahe gelegenen **St. Margarethen** entlang des **Römersteigs** nach Pichlern spazieren. Im südöstlich von St. Margarethen gelegenen Thomatal vermittelt die **Hochofenanlage Bundschuh** einen aufschlussreichen Einblick in die einst für die Gegend so wichtige Verarbeitung von Eisenerz.

Vom Hochofenmuseum gelangt man wahlweise zu Fuß oder motorisiert zur **Dr.-Josef-Mehrl-Hütte**, die als Basisstation für Wanderungen zur **Gaipahöhe** (2192 m) oder zum **Großen Königsstuhl** (2336 m) im Dreiländereck Salzburg – Steiermark – Kärnten dient.

Ein landschaftliches Kleinod bildet außerdem das einst für seine Gold- und Arsenkiesvorkommen bekannte **Murtal**, das sich westlich von St. Michael bis zum Ursprung der Mur erstreckt – die **Sticklerhütte** [K10] ist hier Ausgangspunkt für Wanderungen zur Flussquelle.

Ab dem Ort **Muhr** [L11] gibt es mit dem **Zauberwald** und dem **Rotgüldensee** [K11] (1735 m) zwei beschauliche Wanderziele. Auch der **Karwassersee** ist leicht zu erreichen. Anspruchsvoller gestalten sich Wanderungen auf das nördlich der Murquelle gelegene **Weißeck** (2711 m) oder den **Großen Hafner** (3076 m) südlich des erwähnten Rotgüldensees. In Muhr findet Ende Juni eine sehenswerte **Prangstangen-Prozession** statt (s. unten).

Verlässt man St. Michael in Richtung Norden, lohnt sich ein Halt in **Zederhaus** [L10], wo der **Mühlenweg** mitsamt elf historischen Mühlen und der **Denkmalhof Maurergut** mit Informationen zum örtlichen Brauchtum einen Zwischenstopp lohnen. Hier erstreckt sich mit dem **Naturpark Riedingtal** ein wunderbares Wandergebiet in ländlicher Idylle – lohnenswerte Ziele sind der **Schlierersee** [K10] und der **Zaunersee.**

› www.sanktmichael.at
› **Katschberg-Aineck:** www.katschi.at

Samson, der Lungauer Riese, und andere Traditionen

Eine spannende kulturelle Eigenart des Lungaus sind die **Samson-Umzüge,** deren Ursprünge auf das 17. Jh. zurückgehen. Die bei diesen Umzügen zur Schau getragenen Samson-Figuren, die auf der gleichnamigen biblischen Gestalt basieren, werden aus Holz oder Leichtmetall gefertigt, aufwendig gekleidet und immer nur von einer Person getragen. Je nach Ort wiegt eine solche Figur bis zu 100 kg und misst bis zu 7 m. Bei den Umzügen werden gleich mehrere Samsonfiguren durch die Straßen „geschleppt", oftmals von Zwergenfiguren eskortiert und musikalisch untermalt. Den Höhepunkt eines Umzugs bilden die von einem „Samson-Walzer" begleiteten Ehrentänze. Die Prozessionen beginnen in der Regel an Fronleichnam und finden, je nach Ort, bis in den September hinein statt. Im Lungau werden Samson-Umzüge in Mariapfarr 70, Mauterndorf 69, Muhr [L11], Ramingstein, St. Andrä, St. Margarethen, St. Michael 68, Tamsweg 71, Unternberg und Wölting abgehalten.

Eine weitere denkwürdige und v. a. farbenfrohe Tradition sind die **Prangstangen-Prozessionen,** zu denen in mühevoller Handarbeit zwischen 6 und 8 m lange Stangen mit Blüten umwickelt werden. Die Prangstangen wiegen bis zu 85 kg und „tragen" bis zu 60.000 Sommerblumen. Die berühmtesten Prozessionen finden am 24. Juni in Zederhaus und am 29. Juni in Muhr statt.

Ein anderer lokaler Brauch ist das **Wasserscheibenschießen,** bei dem Schützen auf Zielscheiben am gegenüberliegenden Seeufer schießen, indem sie auf deren Spiegelbild im Wasser zielen, die Kugel durch die Dichte des Seewassers abprallt und mit etwas Glück die am Ufer aufgestellte Scheibe trifft. Wettkämpfe dieser Art werden etwa am Prebersee [N10] veranstaltet.

225 Peterbaueralm, St.-Martiner-Bergstr. 150, Tel. 0664 4504822, https://peterbaueralm.at, das ganze Jahr über geöffnet. Fleisch und deftige Wurst vom eigenen Biobauernhof, dazu Saft und Milch aus eigener Herstellung.

★**226 Hochofenanlage Bundschuh**, Bundschuh 15, Thomatal, Tel. 06476 20231, www.hochofen-bundschuh.at, Juni–Sept. Mo, Mi, Fr 10–16, So 15–18 Uhr, Eintritt: 8 €, erm. 4 €

•**227 Sticklerhütte**, Hintermuhr 38, Tel. 0664 5250454, www.sticklerhuette.at, je nach Witterung Mitte Juni–Mitte Sept. geöffnet

228 Denkmalhof Maurergut, Rothenwand 30, Zederhaus-Rothenwand, Tel. 0680 1111921, www.denkmalhof-maurergut.at, Juni–Sept. Mi u. So 14–17 Uhr, sonst nach Vereinbarung, Eintritt: 3 €, erm. 2 €

› **Naturpark Riedingtal:** www.naturpark-riedingtal.at

Gastronomie, Einkaufen

229 Landgasthof Löckerwirt €€, Dorfstr. 25, St. Margarethen im Lungau, Tel. 06476 212, www.loeckerwirt.at. Hier gibt es typische Lungauer Köstlichkeiten in Bio-Qualität.

230 Biosphärenladen, Marktstr. 52, St. Michael. Ein Schlaraffenland für heimische Lebensmittel.

69 Mauterndorf ★★★ [M10]

Das mittelalterliche Mauterndorf verdankt seinen Namen der einst hier zu zahlenden Maut. Mauterndorf ist fraglos einer der attraktivsten Orte des Lungaus und verdient schon deshalb unbedingt einen Besuch.

Bereits zur Zeit des **Römischen Reiches** bestand eine zentrale Handelsstraße über den **Radstädter Tauernpass**, also etwa dort, wo heute die B99 verläuft. Im 11. Jh. wurde eine

081ms-dk

Zollstation errichtet, um die sich das kleine Mauterndorf entwickelte. Die von den Durchreisenden zu entrichtende Maut brachte dem Örtchen ab dem Mittelalter Wohlstand.

Der dreieckige **Marktplatz** mit seinen repräsentativen Bürgerhäusern und die stattliche Pfarrkirche erinnern an den früheren Reichtum. Mitte des 13. Jh. wurde die eindrucksvolle **Burg** errichtet, die als Zollfestung konzipiert war und den Salzburger Erzbischöfen zugleich als Sommerresidenz diente. Ein Besuch auf der Burg im Rahmen einer äußerst **originellen Führung** gehört zu den Highlights im Lungau, wobei speziell das Keutschachzimmer und weitere Gemächer der Erzbischöfe sehenswert sind.

Burg Mauterndorf: Wer hier vorbei wollte, musste früher Wegzoll bezahlen

Wer mehr zu den abscheulichen **Hexenprozessen** erfahren möchte bzw. sich für Kunst im weitesten Sinne interessiert, sollte sich ins etwa 5 km entfernte **Bilderbuch-Schloss Moosham** aufmachen, das einst Sitz des landesfürstlichen Blutgerichts war.

Ab Mauterndorf führt der **NaturPur-Weg** zur Bergstation der **Großeckbahn.** Hier erstreckt sich die Bergregion **Großeck-Speiereck** und die beiden Gipfel des **Großeck** (2074 m) und des **Speiereck** (2411 m) sind ein ideales Ziel für Wanderfreunde.

Liebhaber von historischen Zügen können in den Sommermonaten mit der **Taurachbahn** bis Tamsweg 71 fahren.

Um **Tweng** [L10], ca. 10 km nordwestlich von Mauterndorf, ist das almreiche **Lantschfeld** speziell bei **Mountainbikern** beliebt. Wanderrouten führen auf die **Müllnerbaueralm** (1680 m) und weiter zu den unberührten **Blauseen** auf 2013 m Höhe.

› www.mauterndorf.at

★**231 Burg Mauterndorf,** Markt 27, Tel. 06472 7426, www.salzburg-burgen.at/de/burg-mauterndorf, Juli/Aug. tägl. 9.30–18.30, Mai/Juni u. Sept./Okt. tägl. 9.30–17 Uhr, Jan.–April s. Website, Eintritt: 13 €, erm. 4,70 €, im Winter günstiger

232 Museum Schloss Moosham, Moosham 13, Unternberg, Tel. 06476 305, www.schlossmoosham.at, Führungen Mai–Sept. Di–So 10, 11, 14 und 15, Okt. Di–So 11 und 14, Mitte Dez.–April Di–So 11 u. 14 Uhr, Eintritt (nur mit Führung): 15 €, erm. 7 €

› **Großeckbahn:** www.grosseck-speiereck.at, Berg- und Talfahrt ab 20 €, erm. 10 €

› **Taurachbahn:** www.taurachbahn.eu

Gastronomie, Einkaufen

233 Gasthof Weitgasser €€, Markt 106, Tel. 06472 7366, www.gasthof-weitgasser.at. Wer Lungauer Spezialitäten zu schätzen weiß, kommt hier definitiv auf seine Kosten. Vorrangig Produkte aus der Region.

234 Trausners, Steindorf 65, Tel. 06472 20065, www.trausners.at. Die erste Adresse für Brände, Liköre, Sirup, Limonaden und Marmeladen aus dem Lungau.

70 Mariapfarr ★ [N10]

Das als **Kurort** ausgewiesene Mariapfarr ist für seine gotische **Wallfahrtskirche** bekannt, die in drei Kirchenschiffen etwa 900 Sitzplätze bietet. Ein **Pfarr- und Wallfahrtsmuseum** zeigt kostbare Ausstellungsstücke und eine Dokumentation über Leben

080ms-dk

und Wirken von **Joseph Mohr** (1792–1848), dem Texter des Weihnachtsliedes „Stille Nacht, heilige Nacht“ (s. S. 34).

Zwischen Tamsweg 71 im Osten und Mauterndorf 69 im Westen erstreckt sich ein sonnenverwöhntes Hochplateau, das bis auf 1000 Höhenmeter ansteigt. Nach Norden hin verlaufen die **Niederen Tauern**, in die ab Mariapfarr herrliche Wanderungen möglich sind, z. B. der **Boden-Kulturweg** oder der **Sonnenlehrpfad.**

Nördlich von Mariapfarr zieht sich das **Göriachtal** [N10] bis zur steirischen Grenze. Dieses beschauliche Hochtal mit seinen Almen kann man beispielsweise bis zu den beiden von einer prächtigen „Felsarena“ umgebenen **Landawirseen** [M9] begehen.

Fast parallel dazu erstreckt sich das wundervolle, aber kaum besuchte **Weißpriachtal** nach Nordwesten und trumpft mit weiteren äußerst idyllischen Landschaften samt abgeschiedenen Bergseen wie die Longa-Mäander am Taleingang, dem Wirpitschsee oder den Giglachseen auf.

Im Örtchen **Weißpriach** ist v. a. die Kirche St. Rupert mit ihren fast 900 Jahre alten **Fresken** ein Blickfang. Vom Ort gelangt man auf den **Fanningberg,** wo der auch per **Sessellift** erreichbare **Gamsstadl** (2004 m) ein lohnendes Wanderziel darstellt.

› www.mariapfarr.at
› **Boden-Kulturweg:** www.bodenkulturweg.at
› **Sonnenlehrpfad:** https://info.bml.gv.at/im-fokus/bildung/lehrpfade/salzburg/Sonne-Mariapfarr.html
› **Landawirsee:** www.landawirseehütte.com

◁ *Bei Wallfahrern sehr beliebt: St. Leonhard außerhalb von Tamsweg*

› **Weißrpiachtal:** www.longa.at/hinteres-weisspriachtal
› **Fanningberg:** www.fanningberg.info

Gastronomie, Einkaufen

235 Örglwirt €€, Pfarrstr. 18, Mariapfarr, Tel. 06473 8207, www.oerglwirt.com. Viel gelobtes À-la-carte-Restaurant mit österreichischer Küche, das v. a. für seine Lammfleischspezialitäten weithin bekannt ist. Hier werden Produkte aus eigenem Anbau verarbeitet.

236 Hiasnhof, Fern 31, Göriach, ca. 3 km nordöstlich von Mariapfarr, Tel. 06483 219, www.tauernroggen.at/de/hiasnhof.html. Der Garten Eden für Lungauer Käse.

237 Kaufhaus Georg Rainer, Pfarrstr. 14, Mariapfarr, Tel. 06473 8202. Eines der letzten Dorfkaufhäuser Österreichs. Neben Gebrauchsgegenständen aller Art kann man sich auch Trachten maßschneidern lassen.

71 Tamsweg ★★ [N10]

Die an der Mur gelegene Bezirkshauptstadt ist das administrative Zentrum des Lungaus und dank ihrer entzückenden Bürgerhäuser, die hauptsächlich aus dem 18. Jh. stammen, eine echte Augenweide.

Keinesfalls verpassen sollte man das schlossähnliche **Rathaus** auf dem schmucken, fast quadratischen Marktplatz und das ehemalige **Barbaraspital,** in dem einst alte und kranke Bergknappen behandelt und gepflegt wurden – heute birgt es ein **Heimatmuseum,** das Wissenswertes zum lokalen Brauchtum präsentiert.

Etwas außerhalb des Ortes thront die viel besuchte spätgotische **Wallfahrtskirche St. Leonhard,** die für ihr **Goldfenster** weit und breit bekannt ist.

Die stilvollste An- und Abreise in den Ort gelingt nach wie vor mit

MEIN TIPP

Verwunschener Prebersee

Macht man sich aus Tamsweg 71 in nordöstliche Richtung auf, erreicht man den verträumten **Prebersee** [N10] auf 1514 m Höhe inmitten des Waldes. Dieser geheimnisvoll anmutende Moorsee dient an warmen Tagen als Badegewässer. Im August findet hier das traditionelle **Wasserscheibenschießen** (s. S. 104) statt. Für eine **Verschnaufpause** bietet sich das Ausflugslokal **Ludlalm** am See an.

Die Umgebung ist für **Wanderungen** geeignet, etwa auf den 2740 m hohen **Preber.**

244 Ludlalm €-€€, Ludlalm 1, Tamsweg, Tel. 06474 7552, www.ludlalm.at

der historischen **Murtalbahn**, einer Schmalspurbahn, die Tamsweg mit dem steirischen Unzmarkt verbindet.

In der Umgebung ist zunächst die Erhöhung des **Passeggen** interessant, wo sich ein **Themenweg** mit dem dunklen Kapitel der **Hexenverfolgung** in der Region beschäftigt. Für Wanderungen bieten sich der **Lasaberg** [N11] (1935 m) oder der Mitterberg an. Letzterer ist ein flacher Höhenzug, dessen höchste Erhebung der **Hohenbühel** [M10] (1581 m) ist. Doch die ultimative Tour führt im nahen Seetal auf den 2140 m hohen **Gstoder** [O10], von dem man einen einzigartigen Fernblick genießt.

Rund 8 km südlich der Bezirkshauptstadt lockt in **Ramingstein** [N11] die aus dem 12. Jh. stammende **Burg Finstergrün**, die man im Rahmen einer Führung näher kennenlernen kann und die zudem einen Klettergarten und eine „Spieleschatzkammer" für Kinder zu bieten hat.

In der Umgebung von Ramingstein lockt das ehemalige **Silberbergwerk** mitsamt Schaustollen, das Einblick in den hier einst so lukrativen Bergbau gewährt.

Nördlich von Tamsweg und über Wölting zu erreichen ist das abgeschiedene **Lessachtal**, das ab **Lessach** [N10] Wanderrouten gen Norden bis zur steirischen Grenze und darüber hinaus aufweist.

238 Lungauer Heimatmuseum, Kirchengasse 2, Tamsweg, Tel. 0664 6493543, www.museumsportal.com/heimatmuseum, Mai–Anf. Sept. Mi 10–12, Do/Fr 10–12 u. 14–16 Uhr, Eintritt: 4 €, erm. 1,50 €

› **Themenweg Hexenverfolgung:** www.hexenundzauberer.at

› **Murtalbahn:** www.steiermarkbahn.at/reisen-freizeit/murtalbahn-dampfzug

★**239 Burg Finstergrün,** Burgstr. 65, Ramingstein, Tel. 0699 18877074, www.burg-finstergruen.at, historische Burgführung Di–So 14.30, Märchen- und Sagenführung So 16 Uhr, Eintritt: 10 €, erm. 5 €

★**240 Silberbergwerk Ramingstein,** Taurachweg 110, www.silberbergwerk.net, Führungen Mai–Okt., Terminvereinbarung tel. oder per E-Mail, Eintritt: 14 €, erm. 9 €

Infos und Reisetipps, Gastronomie

241 Tourismusverband Lungau in Tamsweg, Marktplatz 4, Tel. 06474 2145, www.tourismuslungau.at

242 Gambswirt €€, Marktplatz 5, Tel. 06474 2337, www.gambswirt.at. Im Ortszentrum befindet sich dieser klassische Gasthof, der gutes Essen bietet.

243 Josef Hochleitner €-€€, Kirchengasse 4, Tel. 06474 2240, www.hochleitner.at. Seit 1859 kredenzt diese traditionelle Café-Konditorei Süßes in seiner edelsten Form.

SALZBURGER LAND & SALZKAMMERGUT AKTIV

082ms-aw

Das Salzburger Land und das Salzkammergut sind ein Garten Eden für Fans von Outdoor-Aktivitäten. Es gibt kaum eine Sportart an der frischen Luft, die man hier nicht ausüben kann. Die passende Infrastruktur ist fast überall hervorragend und je nach Betätigungsfeld kann man praktisch das ganze Jahr über aktiv sein.

Auch bei **Schlechtwetter** gibt es viele lohnende Indoor-Alternativen – von Museen, Schlössern und Burgen bis zu Schaubergwerken und Höhlen.

Baden und Wassersport

Baden

Die **Seen, Flüsse und Bäche** der Regionen Salzburger Land und Salzkammergut sind ideal zum Baden und Schwimmen, die **Wasserqualität** ist fast überall vorbildlich. Zu den berühmtesten **Badeseen** gehören einerseits die Gewässer im Salzkammergut, also Mondsee 19, Attersee 20, Traunsee 21 und Hallstätter See 28 in Oberösterreich, sowie andererseits Wallersee 14, Fuschlsee 15 und Wolfgangsee 18 im Salzburger Seenland. Genussvolles Baden erlauben außerdem der Altausseer See [M5] und der Grundlsee 33, beide in der Steiermark gelegen, oder der Zeller See [F8–9] im Pinzgau. Überall gibt es eintrittspflichtige **Strandbäder**, aber an zahlreichen Stellen ist auch kostenfreies Baden möglich. Dies gilt übrigens ebenso an beinahe allen **Flüssen** der Region, denn u.a. in der **Enns, Mur, Saalach oder Salzach** kann man an unzähligen Stellen ins erfrischende Nass hüpfen.

Bootfahren, Segeln, Surfen, Tauchen

An vielen Badeseen ist auch **Wassersport** möglich: Wasserskifahren, Wakeboarden, Stand-up-Paddeln (SUP), Fahrten mit dem Jetski oder auf entspannte Art und Weise mit dem Elektro- oder Tretboot.

Auch **Segeln, Wind- und Kitesurfen** ist vielerorts eine Option, doch ideale Bedingungen, sprich **gute Windverhältnisse**, bieten in erster Linie die Gewässer Attersee, Traunsee, Mondsee und Zeller See. An diesen gibt es auch **Segel- und Surfschulen** und man kann das entsprechende Equip-

Vorseite: Der Blick vom Hohen Dachstein 30 37 lohnt die Anstrengung

Wer braucht da das Meer? Badespaß am erfrischenden Attersee 20

083ms-sb

ment mieten. Attersee, Traunsee und Wolfgangsee sind darüber hinaus auch bei **Tauchern** beliebt, übrigens nicht nur in der warmen Jahreszeit, denn im Winter ermöglicht das klare Wasser **Sichtweiten** von bis zu 30 m.

Tauchschulen

- **S245 Adventure Diving,** Marktstr. 30, Altmünster, Traunsee, Tel. 0664 4449339, www.adventure-diving.at
- **S246 Tauchstation Wolfgangsee,** Markt 113, St. Wolfgang, Tel. 0650 6556566, www.facebook.com/tauchstationwolfgangsee
- **S247 Under Pressure Divecenter,** Landeroith 1, Weyregg, Attersee, Tel. 0650 8000477, www.up-divecenter.at

Canyoning, Kayaking, Rafting

Es ist ein spritziges Erlebnis, mit dem **Schlauchboot** oder **Kajak** durch rauschende Bergflüsse zu flitzen oder im Neopren-Anzug durch Schluchten und Bäche zu waten, sich dabei **abzuseilen** oder Sprünge aus luftiger Höhe zu wagen.

In der Region gibt es immer mehr **Anbieter** für organisierte Rafting-, Kayaking- und Canyoning-Touren. Zu den **beliebtesten Regionen** gehören die Strubklamm 16, die Almbachklamm (s. S. 72) bei Hallein 39, Abtenau 42 an der Lammer, St. Johann im Pongau 47 an der Salzach, die Kitzlochklamm im Raurisertal 58 und Lofer 67 an der Saalach.

Radfahren

Mit vielen hundert Kilometern Streckennetz, gut ausgeschilderten **Radwegen,** einer hervorragenden begleitenden Infrastruktur in Form von **radlerfreundlichen Unterkünften** und **Ladestationen für E-Bikes** können die Regionen Salzburger Land und Salzkammergut als ideales Reiseziel für Radfahrer und Mountainbiker bezeichnet werden.

Aufgrund der vorherrschenden **alpinen und hochalpinen Topografie** setzen viele Strecken eine gewisse **Kondition** voraus und vielerorts sollte man sich nur per geländetauglichem Fahrrad oder Mountainbike auf den Weg machen. Aber es gibt auch durchaus gemütliche Optionen, wie im Flachgau (s. S. 33) und im angrenzenden Oberösterreichischen Salzkammergut (s. S. 44), wo entlang der **Seeufer** meist kaum Steigungen zu überwinden sind. Dies gilt in

Gerade um die Seen – wie hier in Schörfling am Attersee – ist der Drahtesel das perfekte Fortbewegungsmittel

084ms-dk

018ms-sb

gewissem Maße auch für die Befahrung der **Flusstäler**, z. B. entlang der Salzach, der Saalach oder der Gasteiner Ache, sofern diese **flussabwärts** befahren werden.

Fahrradrouten

Die Regionen kreuzen zahlreiche, teilweise auf mehrere Tage angelegte **Radwanderstrecken**, die Kultur und Landschaft gleichermaßen in den Vordergrund stellen. Hierzu gehören in der Voralpenregion der **Mozart-Radweg** auf den Spuren des Komponisten und die sog. **Bajuwaren-Tour** durch das Salzburger Seenland, während der **Salzkammergutradweg** oder Teile des **Ennsradwegs** alpine Naturerlebnisse versprechen.

Ab der Murquelle bei St. Michael 68 im Lungau beginnt der erlebnisreiche **Murradweg**, der sich bis in die Steiermark und weiter nach Slowenien fortsetzt.

Wer es ausdrücklich bergig mag, der kann sich für den mehrtägigen **Tauernradweg** oder die **Watzmann-Hochkönig-Runde** entscheiden.

Speziell für E-Bikes konzipiert wurde der **BergeSeen eTrail** (bestehend aus zehn Etappen) im Salzkammergut und für Mountainbiker bietet sich z. B. die „Königsroute“ auf die **Ewige Wand** bei Bad Goisern 27 an.

Wandern

An erster Stelle steht in den Regionen Salzburger Land und Salzkammergut das Wandern, das bei den Einheimischen schon fast ein **Breitensport** ist. Je nach Tour und Terrain sind die Grenzen zwischen Spaziergang, Wanderung und Bergsteigen fließend. Zwar werden Strecken aufgrund ihrer Wegbeschaffenheit in **Schwierigkeitsgrade** eingeteilt, doch werden diese je nach individueller Kondition, Alter und Erfahrung sicherlich unterschiedlich wahrgenommen.

Ob für Groß oder Klein: Die Radfahrer-Infrastruktur der Region ist hervorragend

Egal, ob man eine mehrtägige Bergtour mit Hüttenübernachtung oder einen entspannten Ausflug auf eine nahe Aussichtsplattform anvisiert, man tut gut daran, das Vorhaben vorab zu planen. Die besten Adressen dafür sind die örtlichen **Tourismusinformationen**, die Empfehlungen zu Routen geben und normalerweise auch über entsprechende Materialien wie **Wanderkarten** o. Ä. verfügen.

Im ersten Teil dieses Buches werden zahlreiche Tipps für **Routen und Ziele** gegeben, doch handelt es sich dabei nicht um konkrete Wegbeschreibungen, sondern um Ideen und Vorschläge, was man in einer bestimmten Gegend unternehmen kann.

Wanderregionen

Die hier behandelten Unterregionen des Salzburger Landes und Salzkammerguts bieten allesamt Unmengen von Touren verschiedener Schwierigkeitsgrade. Somit sind alle vorgestellten Orte Ausgangspunkt zahlreicher Routen, dennoch gibt es Unterschiede, was man wo erleben kann:

Alpine und hochalpine Wanderregionen sind natürlich zunächst das Dachsteinmassiv (30 und 37), das schroffe Tote Gebirge oder das verkarstete Tennengebirge (s. S. 77). Nicht einfach zu bezwingen, aber garantiert ein Erlebnis ist der Hochkönig 46, ebenso wie das Steinerne Meer (s. Saalfelden 66).

Nichts für müde Knochen: Weitwanderwege

Wem profane Tagestouren zu wenig sind, der kann sich auch auf einem Weitwanderweg durch die Regionen Salzburger Land und Salzkammergut bewegen. Gleich mehrere davon stehen zur Auswahl, wie der **Hohe Tauern Panorama Trail**, der von den Krimmler Wasserfällen 64 durch die Wildkogel-Arena über insgesamt 150 km nach Zell am See 59 führt. Empfehlenswert ist zudem der in sechs Tagesetappen angelegte **Gastein Trail**, bei dem man auf den Spuren alter Handelswege über 75 km quer durch das Gasteinertal (s. S. 86) wandert und 4600 Höhenmeter überwindet. Durch das Salzkammergut führt der Vier-Tage-Marsch **„4 Berge – 3 Seen"** ab Fuschl am Fuschlsee 15 über den Wolfgangsee 18 hinüber zum Mondsee 19 und dann wieder zurück zum Fuschlsee. Der anspruchsvolle, 74 km lange **Königsweg** bringt Wanderer durch das Steinerne Meer und die Dientner Grasberge von Alm zu Alm mit stetem Blick auf das majestätische Hochkönig-Massiv 46. Der **Laufener Hüttenweg** überquert das Tennengebirge (s. S. 77) zwischen Abtenau 42 und dem Lammertal.

Wer in den ultimativen Genuss der Schladminger Tauern kommen möchte, erlebt den Höhenzug auf dem für fünf bis sieben Tage angelegten **Schladminger-Tauern-Höhenweg.** Wem das noch nicht reicht, der begibt sich auf den beliebten Fernwanderweg **Salzburger Almenweg,** der sich insgesamt über 350 km quer durch den Pongau erstreckt und auf 31 Tagesetappen stattliche 120 Almen „abklappert". Als grenzübergreifende Variante bietet sich auch der 230 km lange **SalzAlpenSteig** an, der im benachbarten Bayern beginnt, das Salzburger Land zwischen Bad Dürrnberg [H5] und Rußbach [K5] durchquert und sich im oberösterreichischen Salzkammergut bis nach Obertraun [M6] fortsetzt.

086ms-aw

Für **Erlebnisse in teils abgelegener Natur** ist der Nationalpark Hohe Tauern (s. S. 96) ideal. Mehr Trubel findet man hingegen auf den Gipfeln rund um Zell am See 59 und Kaprun 60.

Vor allem wegen ihres **grandiosen Ausblicks** bieten sich Touren um den Fuschlsee 15, auf den Schafberg (s. S. 43) und speziell im Landstrich um die oberösterreichischen Seen des Salzkammerguts – Mond- 19, Atter- 20, Traun- 21 und Hallstätter See 28 –, aber auch nach Bad Goisern 27 oder ins Gosautal 29 an.

Eine Mischung **unterschiedlicher Wanderrouten und Klettersteige** offeriert etwa die Postalm (s. S. 43), während die Gegend um St. Michael 68 Fernblicke mit interessanten Themenwanderwegen verbindet.

Sanftere Landstriche sind u. a. der Flachgau mit dem Trumer Seenland (Obertrumer 12, Matt- 13 und Grabensee [H1]), das Almtal 25 mit dem wundervollen Almsee oder die steirische Tauplitzalm 35.

Für anregende **Almwanderungen** seien das Großarltal 64 im Pongau, das Göriachtal bei Mariapfarr 70 und das Lantschfeld [L10] im Lungau, aber auch die Loferer Alm sowie die Gegend um Unken bei Lofer 67 wärmstens empfohlen.

Wandertipps

Bei Outdoor-Aktivitäten sind die **richtige Kleidung** und **passende Ausrüstung** unerlässlich, im Hochgebirge oftmals sogar **lebensrettend.** Es ist wichtig, sich vor der geplanten Tour genau mit dem zu erwartenden Terrain auseinanderzusetzen. Im bergigen Gelände lauern die meisten Gefahren für Besucher; alljährlich kommen zahlreiche Personen ums Leben, in den allermeisten Fällen wegen mangelnder Vorsicht, Unkenntnis der Landschaft oder schlicht Leichtsinn.

Nur mit entsprechender Ausrüstung: der Abstieg über ein Gletscherfeld

Sehr wichtig ist es außerdem, die **Witterungsverhältnisse** im Auge zu behalten. Gerade im Hochgebirge können aufziehende Gewitter und Nebel lebensgefährlich sein. **Naturkatastrophen** in Form von Bergstürzen, Felsabgängen, Muren und in den kalten Monaten Lawinen sind keine Seltenheit. Zur Zeit der **Schneeschmelze** können außerdem **Überschwemmungen** auftreten, ebenso durch immer häufiger vorkommenden **Starkregen**, der auch mit Stürmen und Hagel verbunden sein kann.

Weitere Aktivitäten

Golfplätze finden sich vielerorts in den Regionen Salzburger Land und Salzkammergut und auch **Tennisplätze** gibt es in beinahe jeder Gemeinde, ebenso wie öffentliche **Schwimmbäder.**

Wer auf dem Rücken eines **Pferdes** die Landschaft erkunden möchte, findet in Abtenau 42 und Filzmoos 53 die entsprechende Infrastruktur. Oder wie wäre es mit **Paragleiten** und **Drachenfliegen** – entweder zum Selbstfliegen oder im Rahmen von Tandemflügen? Besonders die Gegend um den Attersee 20, der oberösterreichische Bereich des Dachsteins 30, der Ort Altaussee 32, Bad Gastein 57, Neukirchen [B10] und ganz speziell die Region Zell am See 59 sowie Kaprun 60 bieten ein reiches Angebot für Anfänger und Könner.

Ab Kaprun sind auch das **Segelfliegen, Rundflüge** mit Helikopter oder Flugzeug und sogar **Fallschirmsprünge** möglich, während man ab Filzmoos mit dem **Heißluftballon** in luftige Höhen starten kann.

Kletterer finden etwa zwischen Krimml [A10] und Bad Mitterndorf 34 optimale Bedingungen vor. Zu den beliebtesten Zielen für Klettersportler gehören z. B. die Postalm (s. S. 43) südlich des Wolfgangsees 18, die Tauplitzalm 35, das Dachsteinmassiv (30 und 37), der Hochkönig 46, die Region Altenmarkt-Zauchensee 51, das Raurisertal 58 rund um Taxenbach [G9], die Gegend um Leogang [F7] und der Nationalpark Hohe Tauern (s. S. 96).

087ms-dk

⊡ *Paragleiten lässt sich vielerorts erlernen, etwa an der Dachstein-Nordseite* 30

Wellness

Wellness und Erholung findet man am besten in den **Kurorten** wie Bad Ischl 26, Bad Vigaun [I5], Bad Hofgastein 56 oder dem durch sein radonhaltiges Heilwasser (s. rechts) weltberühmten Bad Gastein.

- **248 Alpentherme Gastein,** Sen.-W.-Wilflingplatz 1, Bad Hofgastein, Tel. 06432 82930, www.alpentherme.com, So–Mi 9–21, Do–Sa 9–22 Uhr, Eintritt: 33 €, erm. 20 €
- **249 Eurothermen Resort,** Voglhuberstr. 10, Bad Ischl, Tel. 06132 204-0, www.eurothermen.at/bad-ischl, tägl. 9–24 Uhr, Eintritt: ab 20,50 €, erm. ab 15,50 €
- **250 Felsentherme Bad Gastein,** Bahnhofplatz 5, Tel. 06434 2223111, www.felsentherme.com, tägl. 9–21 Uhr, Eintritt: ab 26 €, erm. ab 14,50 €
- **251 Grimmingtherme,** Neuhofen 183, Bad Mitterndorf, Tel. 03623 21010, www.grimming-therme.com, Eintritt: ab 13 €
- **252 Heiltherme Bad Vigaun,** Karl-Rödhammer-Weg 91, Tel. 06245 8999646, www.badvigaun.com, Mo–Fr 10–22, Sa/So 10–21 Uhr, Eintritt: ab 21,50 €

MEIN TIPP

Heilkraft aus den Gasteiner Thermalquellen

Wer in den Genuss der seit 1825 betriebenen Radontherapie kommen möchte, der sollte das Radon-Thermal-Dunstbad in Bad Gastein 57 besuchen. Es liegt direkt über dem Quellstollen der Elisabethquelle, aus der radonhaltiger Thermalwasserdunst zu den hiesigen Kastenbädern geleitet wird. Man verbringt in so einem Bad 20–30 Min. pro Behandlung, wobei die individuell regulierte Badetemperatur zwischen 32,5 °C und 41,5 °C liegt. Die Radontherapie wird zu Kurzwecken empfohlen und soll heilende Wirkung u. a. auf Herz, Kreislauf und Lunge haben.

- **253 Radon-Thermal Dunstbad,** Bismarckstr. 2, Bad Gastein, Tel. 06434 6127, www.dunstbad.at, Mo, Mi, Fr 8–12 u. 15.30–18.30, Di, Do 8–12 Uhr, weitere Termine nach Vereinbarung, Preis ab 28 €

Wintersport

Ob **Skifahren, Langlauf oder Snowboarden:** Wintersport stellt eine Art **österreichischen Volkssport** dar und neben Tirol und Vorarlberg ist speziell das Bundesland Salzburg ein Schwergewicht in Sachen „Spaß auf den Brettln". Vom Partyort mit Après-Ski-Meile über exklusive Jetset-Locations bis hin zum familienfreundlichen Funpark ist das Angebot sehr vielfältig. Viel frequentierte **Wintersportgebiete** sind u. a. Schladming 36, St. Johann im Pongau 47, Altenmarkt-Zauchensee und hier v. a. Obertauern [L9], das Großarltal 54, Flachau 50, das Gasteinertal samt Bad Gastein und Naßfeld-Sportgastein, Zell am See, Kaprun, das Stubachtal 61 mit der Gletscherwelt, das Glemmtal 65 mit den Hauptorten Saalbach und Hinterglemm oder die Region um St. Michael 68 im Lungau.

Eines haben alle Wintersportgebiete gemeinsam: **Billig sind sie nicht.** Tageskarten für Seilbahnen und Lifte kosten locker 50 € und mehr pro Person und auch die Übernachtung im Hotel kann in der Saison richtig teuer werden. Und nicht zuletzt leidet auch die **Natur**, die durch Infrastrukturmaßnahmen und **künstliche Beschneiungsanlagen** massiv belastet wird.

SALZBURGER LAND & SALZKAMMERGUT ERLEBEN

088ms-aw

Events, Feste und Folklore

Nach wie vor ist das Brauchtum in Österreich lebendig und dies gilt ganz besonders für das Bundesland Salzburg und das Salzkammergut. Bei zahlreichen religiösen und weltlichen Festen kommt man auch als Besucher in den Genuss regionaler Kultur. Aber auch moderne Festivals, Kunstevents, Konzerte u. v. m. sind Teil des Veranstaltungskalenders.

Aktuelle Informationen liefern die folgenden **Websites:**

- www.salzburgerland.com/de/alle-events
- www.salzkammergut.at/veranstaltungen.html

Januar bis April

- Der **5. Jan.** ist der äußerst wichtige **Glöcklertag** (dialektal auch: *Glöckötog)*, an dem u. a. der Glöcklerlauf in Traunkirchen 23 stattfindet, bei dem die „Passen" unterwegs sind, verkleidet mit farbenprächtigen, von innen beleuchteten Glöcklerkappen. In Bad Goisern 27 vertreiben sog. Schönperchten (s. S. 120) die Rauhnachtsgeister und in Altaussee 32 findet ein symbolischer Kampf zwischen laut läutenden „Glöcklern" und „Bärigln" statt. Im Raurisertal 58 ziehen die Schnabelperchten von Haus zu Haus und prüfen, ob die Haushalte ordentlich geführt werden.
- Im Rahmen des **Antlass-Singens** in Traunkirchen geht die Dorfbevölkerung am Abend von **Gründonnerstag** durch den Ort und passiert dabei Stationen, die an den Leidensweg Christi erinnern.
- In Österreich spielt der **Fasching** nur in manchen Regionen eine Rolle, so z. B. in Bad Aussee 31, wo von Gründonnerstag bis Faschingsdienstag Trommelweiber, Flinserln und Maschkera als Boten der Narrenzeit durch den Ort ziehen.
- Mitte/Ende März bis Anfang April finden die **Literaturtage** in Rauris im Raurisertal statt (www.rauriser-literaturtage.at).
- Am **19. März** wir der **hl. Josef**, der Landespatron der Steiermark, geehrt. An dessen Namenstag ist zwar in dem Bundesland schulfrei, aber er ist kein genereller Feiertag.
- **Palmeselritt:** Am Palmsonntag, dem letzten Sonntag vor Ostern, reitet ein Ministrant auf dem Palmesel durch Hintersee am gleichnamigen Gewässer 17.
- Zu den **Salzburger Osterfestspielen** werden Konzerte und weitere Events veranstaltet (www.osterfestspiele-salzburg.at).
- Alle zwei Jahre im April (nächster Termin ist 2024) treten internationale Chöre während des **Chorwettbewerbs** in Bad Ischl 26 auf (www.interkultur.com/de/events).

Mai bis Juni

- Ende April/Anf. Mai finden im Rahmen des **Chorfestivals** verschiedene Chorkonzerte im Salzburger Kongresshaus statt (www.messiah-salzburg.at).
- Am **4. Mai** wir der **hl. Florian**, der Landespatron Oberösterreichs, in zahlreichen Kirchen des Bundeslandes geehrt. Die Kinder haben dann schulfrei.
- Zwischen Mitte Mai und Mitte August erlebt man im Rahmen des **Kirchklang-Festivals** eine musikalische Pilgerreise durch das Salzkammergut mit klassischen Konzerten in Gotteshäusern der Region (www.kirchklang.at).
- Ende Mai/Anf. Juni bewundert man die blühenden Narzissen am besten beim **Narzissenfest** in Bad Aussee, wo sie u. a. auch auf geschmückten Booten im typi-

Vorseite: Beim Narzissenfest in Bad Aussee 31 geht es bunt und kreativ zu

schen Gelb erleuchten (www.narzissenfest.at).

- Ebenfalls Ende Mai/Anf. Juni zelebriert man auf dem **Supergau** genannten Festival zeitgenössische Kunst im ländlichen Raum, wobei immer ein Gau im Zentrum steht (www.supergau.org).
- **Fronleichnam** spielt überall in der Region eine wichtige Rolle. Speziell in Traunkirchen sei die Fronleichnamsprozession auf dem See empfohlen. Auch auf dem Hallstätter See [L5–M6] findet eine weithin bekannte Seeprozession statt, bei der die „Fuhr" und „Mutzen" genannten Altarschiffe über das Gewässer schippern. Im Lungau finden bis in den Sept. **Samson-Umzüge** (s. S. 104) statt.
- Von Juni bis Sept. bietet das **Diabelli-Sommer** genannte Musikfestival in Mattsee am gleichnamigen Gewässer (13) Konzerte zu Ehren des Komponisten und Gitarrenvirtuosen Anton Diabelli (1781–1858, www.diabellisommer.at).
- Am 24. Juni in Zederhaus [L10] und am 29. Juni in Muhr [L11] finden die typischen **Prangstangen-Prozessionen** (s. S. 104) statt.
- Im Rahmen der **Pinzgauer Wallfahrt** pilgern jedes Jahr am 28. Juni Tausende Wallfahrer vom Seidlwinkltal, einem Seitental des Raurisertals, über die Großglockner-Hochalpenstraße (s. S. 91) bis nach Heiligenblut in Kärnten.

Juli bis September

- Im Juli und Aug. dreht sich in Salzburg praktisch alles um die weltberühmten **Salzburger Festspiele** (s. S. 32, www.salzburgerfestspiele.at).
- Freunde der Blasmusik zieht es im Juli zum **Mid Europe** genannten Festival nach Schladming (36) (www.mideurope.at).

Feiertage

- 1. Jan.: **Neujahr**
- 6. Jan.: **Heilige Drei Könige**
- März/April: **Ostermontag**
- 1. Mai: **Tag der Arbeit**
- Mai: **Christi Himmelfahrt**
- Mai/Juni: **Pfingstmontag**
- Mai/Juni: **Fronleichnam**
- 15. Aug.: **Mariä Himmelfahrt**
- 26. Okt.: **Österreichischer Nationalfeiertag**
- 1. Nov.: **Allerheiligen**
- 8. Dez.: **Mariä Empfängnis**
- 25. und 26. Dez.: **Weihnachten**

- Bei **sommer.frische.kunst.** handelt es sich um ein von Juli bis Sept. in Bad Gastein (57) stattfindendes internationales **Festival für zeitgenössische Kunst**, gepaart mit klassischen Konzerten, einer „Summer Jazz in the City" genannten Veranstaltungsreihe u. v. m. (www.gastein.com/events/sommer/sommerfrischekunst).
- Das **Seefest am Mondsee** (19) findet meist Ende Juli/Anf. Aug. direkt am Ufer statt und erfreut Gäste und Einheimische gleichermaßen mit Livemusik und kulinarischen Genüssen (www.facebook.com/seefestmondsee).

089ms-dk

Klassischer Musik kann man z. B. im Kurpark von Bad Ischl (26) lauschen

Gruseliges Brauchtum: die Percht und das Krampuslaufen

In etlichen Orten im Ostalpenraum gibt es noch die Tradition der Krampusumzüge, bei denen sich Personen als Krampus verkleiden und unter lautem Glockengeläut und mit langen Ruten „bewaffnet" durch die Straßen ziehen, um Passanten zu erschrecken. Beim Krampus handelt es sich um den in Deutschland Knecht Ruprecht genannten Begleiter des hl. Nikolaus. Große Krampusumzüge gibt es in vielen Orten Österreichs, etwa in St. Johann im Pongau 47 oder in Altaussee 32.

Während der Nikolaus die „braven" Kinder belohnt, ist es die Aufgabe des Krampus, die „unartigen" zu bestrafen. Und so gilt es beim Nachwuchs als Mutprobe, die Krampusse bei den Umzügen zu reizen, ohne dabei erwischt oder mit der Rute geschlagen zu werden. Der Krampustag ist traditionell der 5. Dezember, also der Vorabend des Nikolaustages.

Ebenfalls im Bundesland Salzburg, aber auch in angrenzenden Regionen, ist noch das Brauchtum der Perchtenläufe verbreitet. Als Percht bezeichnet man eine Fabelgestalt, die als **Schönpercht** moralisch „gut" und als **Schirchpercht** „böse" sein kann. In der Nachweihnachtszeit, konkret in den sog. Rauhnächten von Heiligabend bis zum Dreikönigstag (6. Januar), verkleiden sich mancherorts die Bewohner traditionell als Perchten und ziehen abends und nachts durch die Straßen. Die Aufgabe der meist schauerlich aussehenden Schirchperchten ist es, lärmend – mit umgehängten Glocken – die bösen Geister des Winters zu vertreiben. Die Schönperchten hingegen bevölkern tagsüber die Straßen und wünschen den Dorfbewohnern Glück und Segen, „kontrollieren" aber auch die Häuser auf Sauberkeit.

Doch es gibt Abwandlungen: So findet mancherorts ein symbolischer Kampf zwischen verschiedenen Perchten statt, v. a. am 5. Januar, den man regional auch **Glöckötog** („Glöcklertag", s. S. 118) nennt. Der vielleicht bekannteste Perchtenlauf ist jener, der am Dreikönigstag abwechselnd in den Gemeinden St. Johann, Altenmarkt 51, Bischofshofen 45, Bad Gastein 57 und Bad Hofgastein 56 stattfindet.

102ms©Bernhard Pilz, stock.adobe.com

- Jedes Jahr im Aug. organisiert Saalfelden 66 ein renommiertes **Jazzfestival** mit etlichen Konzerten namhafter Künstler (www. jazzsaalfelden.com).
- Rund um den **18. Aug.** wird bei den **Kaisertagen in Bad Ischl** der Geburtstag des Kaisers Franz Joseph I. mit viel Pomp und Kostümen gefeiert.
- Ende Aug. erlebt man bei den **Gamsjagatagen** (www.gamsjagatage.goisara.at) in Bad Goisern viel Brauchtum in Form von Trachten, Volksmusik und Bierzeltstimmung.
- Am ersten Septemberwochenende feiert Altaussee seinen **Kirtag** mit durchschnittlich rund 20.000 Besuchern.
- In der Bergregion findet im Herbst der **Almabtrieb** statt. Dabei sind die aufwendig geschmückten Kühe des Spektakels in Krimml [A10] mit dem zugehörigen Bauernmarkt (meist Mitte/Ende Sept.) eine echte Besonderheit!
- Der **24. Sept.** ist der Namenstag des **hl. Rupert,** seines Zeichens Schutzpatron des Bundeslandes Salzburg. An diesem Tag ist nur dort schulfrei. In der Innenstadt Salzburgs findet das **Rupertikirtag** genannte Domkirchweihfest statt.

Oktober bis Dezember

- Meist am ersten Sonntag im Okt. wird in vielen Gemeinden der Region das **Erntedankfest** gefeiert, wobei bei einer Prozession über Wiesen und Felder die Erntekrone getragen wird.
- Gegen Ende Nov. läutet man die **Skisaison** ein und dabei wird in Wintersportressorts wie Obertauern [L9], Zell am See 59 oder Saalbach-Hinterglemm im Glemmtal 65 wild gefeiert.
- Überall in der Region ist man in der **Adventszeit** in andächtiger Stimmung, ob in den „Stille-Nacht"-Orten (s. S. 34) oder bei den vielen **Christkindlmärkten,** etwa in Salzburg, St. Wolfgang am Wolfgangsee 18 und Bad Ischl.

Salzburger Land und Salzkammergut kulinarisch

Natürlich gibt es in der Region die auch anderswo in Österreich kredenzten „Allrounder" wie flach geklopfte – aber immer ohne Soße servierte – **Schnitzel,** die man meist mit diversen Salaten isst, **Schweinsbraten** mit Knödel, **Rindsgulasch** oder den allseits beliebten **Tafelspitz.**

Eine lokale herzhafte Speise – die ganz ohne Fleisch auskommt – ist beispielsweise die deftige **Lungauer Kasknödel-Suppe,** die u.a. aus Semmeln (Brötchen), Eiern, Käse und Butterschmalz zubereitet wird. Im Pinzgau liebt man in der Pfanne angebratene **Kasnockn** (ähnlich den Käsespätzle), die traditionell mit viel Pinzgauer Käse oder Bergkäse vermengt werden. Aber auch Knödel in Form von **Kaspress-** oder **Fastenknödel** (ebenfalls mit Käse) finden sich auf den lokalen Speisekarten, ebenso wie **Nidei,** bei dem gebratene Kartoffelteigstücke, vergleichbar mit Schupfnudeln, mit gedünstetem Weißkraut oder Sauerkraut serviert werden.

In den zahlreichen Seen und Flüssen kommen u.a. Karpfen, Mattigtal-Forellen, Donauwaller (Welse), Saiblinge und Reinanken vor, die man vor allem gekocht, gebacken oder auch als am Stab gegrillten **Steckerlfisch** mag.

Die meisten Gerichte werden mit **heimischen Qualitätsprodukten** zubereitet, denn davon hat die Region reichlich zu bieten: so etwa Salate, Kraut und Tomaten aus der Gegend um Wals-Siezenheim im Flauchgau, die Kartoffelsorte Lungauer Eachtlinge, das hochgelobte Tennengauer Berglammfleisch, Pongauer Wild und

Pinzgauer Rind. Hervorzuheben sind auch die diversen **Käsesorten** aus hervorragender Heumilch, darunter der speziell für das Großarltal 54 typische graue Sauerkas, der Tennengauer Almkäse oder der Großarltaler Bergbauernkäse, zu denen perfekt das köstliche Brot aus dem Lungau passt.

Der vielleicht beste Snack für zwischendurch ist die besonders auf Almhütten zu findende **Brettljause,** ein Sortiment aus Wurst- und Käseaufschnitt, garniert mit Gurken, Senf u. Ä.

MEIN TIPP

Köstlich vegetarisch

Mittlerweile ist es in den allermeisten Lokalen der Region ohne Probleme möglich, fleischlos zu speisen. Dies gilt grundsätzlich ganzjährig, aber saisonal noch einmal mehr, z. B. zur **Eierschwammerl- (Pfifferling-) oder Spargelzeit.** Ein außergewöhnliches Highlight ist die **Region Hochkönig** 46, der bislang einzige **vegan zertifizierte Landstrich Österreichs,** in dem mehr als 50 bewirtschaftete Almen und Hütten vegetarische und vegane Leckerbissen anbieten. Infos hierzu:

› www.hochkoenig.at/de/sommer/essen-trinken/vegetarisch-vegan-essen-im-urlaub.html

Und als Dessert? Neben überregional bekannten österreichischen Mehlspeisen wie Kaiserschmarrn und Germknödeln sind auch lokale Süßspeisen erwähnenswert, beispielsweise **Moosbeernidei** (Heidelbeernocken), **Pinzgauer Krapfen** oder **Strauben.** Doch die sicherlich bekannteste süße Spezialität der Region sind **Salzburger Nockerln,** ein warm gegessenes Dessert aus geschlagenem Eiweiß, das mit Zucker, Vanillezucker, Mehl und Eigelb verrührt wird und pyramidenförmig aufgeht. Ein Gedicht!

Ach ja, wie steht es eigentlich um die **Mozartkugeln?** Diese köstlichen süßen Kalorienbomben werden aus Pistazien, Nougat und Marzipan gefertigt und gelten inzwischen als eines der Wahrzeichen Salzburgs.

Was passt hierzu wohl besser als ein **Kaffee?** Zu den beliebtesten Varianten gehören ein kleiner oder großer Schwarzer (einfacher oder doppelter Espresso), ein kleiner oder großer Brauner (Espresso mit Milch), ein Verlängerter (Espresso mit etwas mehr Wasser), ein Einspänner (Espresso im Glas mit viel Schlagobers –

Herzhaft ohne Fleisch: Kasnockn sind in weiten Teilen der Alpen populär

091ms-sb

Sahne – und Staubzucker), eine Melange (ähnlich dem Cappuccino) oder ein Franziskaner (Melange mit Schlagobers statt Milch).

Und wie verhält es sich sonst mit den **Getränken?** Das Salzburger Land und das Salzkammergut sind besonders durch ihre zahlreichen **Brauereien** wie Stiegl (s. S. 29), Trumer (s. S. 36) oder Augustiner (s. S. 30) bekannt – man genießt sein Bier übrigens meist als Seiterl (0,3 l) oder Krügerl (0,5 l). Aber natürlich hat Österreich auch hervorragende **Weine** zu bieten. Außerdem gibt es den als **Most** bezeichneten gegärten Obstwein aus Äpfeln und/oder Birnen sowie diverse **Schnäpse.**

Stöbern und Shoppen im Salzburger Land und Salzkammergut

Die Regionen Salzburger Land und Salzkammergut bieten eine Vielzahl an Shoppingfreuden. Da sind zunächst lukullische Verführungen in Form von **regionalen Produkten** wie Speck, Wurst, Käse, Honig, Essig, Kräutern, lokalen Biersorten, Spirituosen, Mozartkugeln, Pralinés, Schokolade, aber natürlich auch das namensgebende örtliche Salz.

Daneben gibt es **traditionelles Kunsthandwerk** wie Schnitzereien, Schmuckherstellung (u. a. aus

Lokale Trachten: Mode jenseits des Alpenklischees

Dirndl, Janker und Lederhose liegen seit einiger Zeit wieder im Trend und gelten außerhalb des Alpenlandes als schick und sexy zugleich. In den Regionen Salzburger Land und Salzkammergut sind sie freilich nie aus der Mode gekommen, denn hier gehören sie seit Jahrhunderten zum festen Bestandteil der örtlichen Kultur.

Trachten versinnbildlichen die tiefe Verwurzelung in einer Region und bringen damit gelebte Tradition zum Ausdruck. Dabei unterscheiden sich die Schnitte, Stoffe und Farben einzelner Gegenden durchaus, die Trachten haben aber – sieht man von billigen Exporten ab – in der Regel gemeinsam, dass sie hochwertig gefertigt und äußerst robust sind. Kein Wunder, denn ursprünglich galt die Tracht als Arbeitskleidung. So trug man z. B. Lederhosen für die Holzarbeit und die Jagd, während das Dirndl für die vorwiegend in der Landwirtschaft beschäftigten Mägde typisch war. Heutzutage gilt die Tracht grundsätzlich als angemessen, egal ob zur Einkehr in eine einfache Wirtschaft, auf dem Volksfest, zum Geschäftstermin oder anlässlich einer eleganten Hochzeitsfeier.

Empfehlenswerte Adressen sind u. a. Wimmer schneidert (s. S. 38) in Schleedorf, Rastl Gwand (s. S. 64) in Bad Aussee (31), das Kaufhaus Georg Rainer (s. S. 107) in Mariapfarr (70) und – speziell für Loden – Steiner 1888 (s. S. 68) in Schladming (36).

090ms-sb

den hiesigen Smaragden), Mineralien, Edelsteine, Keramik (wie z. B. aus Gmunden 22), außerdem Textilien (Dirndl, Trachten, Loden und Bergschuhe) bis hin zu Gebrauchsgegenständen.

Jede Region hat ihre eigenen lokalen Produktionsstätten, die häufig in Einklang mit **uraltem Brauchtum** und den örtlichen Traditionen ihre Waren herstellen. Ausgewählte Adressen finden sich in diesem Buch in den einzelnen Ortsbeschreibungen. Einen guten Überblick gibt auch das **Österreichische Heimatwerk**, das in Salzburg einen eigenen Shop betreibt (s. S. 31).

› www.heimatwerk.at

Von den Anfängen bis zur Gegenwart

Die Siedlungsgeschichte der Regionen Salzburger Land und Salzkammergut reicht bis in die Altsteinzeit zurück. So hat man Knochen und Werkzeuge gefunden, die bis zu 40.000 Jahre alt sein sollen und von Jägern und Sammlern stammen. Auch aus dem Mesolithikum (14.000–4500 v. Chr.) und aus der Jungsteinzeit (4500–1900 v. Chr.) gibt es Fundstücke. Besonders ist in diesem Zusammenhang die sog. Mondseekultur mit ihren seeufernahen Pfahlbausiedlungen des Jungneolithikums zu erwähnen, die zwischen 3800 und 3300 v. Chr. existierte.

Vorchristliche und Römische Zeit

ca. 1900–1250 v. Chr. Die Gegend um Salzburg wird zum größten Kupfer-Bronze-Produzenten der Ostalpen mit außerordentlichen Handelsbeziehungen.

800–450 v. Chr. Während der sog. Hallstattkultur wird in Untertagbau Salz gefördert.

ab 450 v. Chr. Kelten bevölkern die Ostalpenregion und schließen sich zum Königreich Noricum zusammen.

15 v. Chr. Das Königreich Noricum schließt sich dem Römischen Reich an, die Kelten werden assimiliert.

ab 170 n. Chr. Wiederholt brechen germanische Stämme in die Provinz Noricum ein.

ca. 500 n. Chr. Ende der römischen Herrschaft aufgrund der vermehrt einfallenden Germanen

Völkerwanderung, Franken und Bajuwaren

bis ca. 700 n. Chr. Völkerwanderung und einsetzende Christianisierung im Zuge der Landnahme durch die Bajuwaren

798 Der hl. Rupert etabliert das Erzbistum Salzburg als Mittelpunkt der bajuwarischen Kirchenprovinz.

ab dem 9. Jh. Die kommerzielle Ausbeutung der Salzfelder führt zu enormem Wohlstand und zu kirchlicher und weltlicher Macht. Die Region untersteht dem Königreich der Franken.

996 Salzburg wird durch Kaiser Otto III. das Markt-, Münz- und Mautrecht verliehen.

1200–1246 Geschlossenes Herrschaftsgebiet Salzburg unter Erzbischof Eberhard II., sein Nachfolger, Philipp von Spanheim, annektiert weite Teile des Ennstals.

1254 Unter König Ottokar II. Přemysl von Böhmen entsteht das Fürstentum ob der Enns, der Vorgänger des heutigen Oberösterreichs.

1278 Nach der Schlacht bei Dürnkrut werden die Habsburger das führende Königshaus in weiten Teilen Österreichs – nicht jedoch in Salzburg.

1328 Salzburg wird zum selbstständigen Staat innerhalb des Heiligen Römischen Reiches Deutscher Nation, weitestgehend unabhängig vom Herzogtum Bayern.

ab 1419 Das Salzkammergut untersteht direkt den Habsburgern.

15. und 16. Jh. Neben dem Salzhandel führt auch der Goldabbau im Rauriser- 58 und im Gasteiner Tal zu erheblichem Reichtum der Herrschenden. Das Volk bleibt bettelarm.

Bauernaufstände, Glaubenskriege und Aufklärung

1462/63 Erster bedeutender Bauernaufstand gegen die von den Grundherren erhobenen erdrückenden Steuern

1506 Der spätere Kaiser Maximilian I. erhält die bayerischen Ländereien Mondsee 19 und St. Wolfgang, die jedoch bis 1565 an das Erzbistum Salzburg verpfändet bleiben.

1587–1612 Unter der von Gewalt gekennzeichneten Regentschaft des Fürsterzbischofs Wolf Dietrich von Raitenau (s. S. 22) kommt es zu politischen und kulturellen Umwälzungen.

1612–1619 Unter Markus Sittikus von Hohenems werden zahlreiche repräsentative Bauten in Salzburg und der Umgebung errichtet.

1626 Im Oberösterreichischen Bauernkrieg kommen von rund 40.000 aufständischen Bauern etwa 12.000 ums Leben.

1619–1653 Erzbischof Paris Graf von Lodron hält das Erzbistum Salzburg aus den Wirren des Dreißigjährigen Krieges (1618–1648) heraus. Die Universität Salzburg wird gegründet.

ab 1683 Die Habsburger erzielen unter Prinz Eugen von Savoyen militärische Erfolge nach der missglückten zweiten Türkenbelagerung Wiens. Das Großreich der Habsburger entsteht.

Ende des 17. Jh. Das Haus Habsburg verdrängt zunehmend Salzburg aus dem Salzhandel.

1717–1790 Barockzeitalter im Zeichen Maria Theresias (1717–1780) und ihres Sohns Josephs II. (1741–1790), die Zeit des „aufgeklärten Absolutismus“. Die Gegenreformation wird beendet, Bad Goisern 27 wird eine sog. evangelische Toleranzgemeinde.

1731/32 Unter Fürsterzbischof Leopold Anton Graf von Firmian werden rund 22.000 Salzburger Protestanten – speziell aus dem Pongau und Pinzgau – des Landes verwiesen.

1753–1803 Regentschaft von Erzbischof Sigismund III. Graf von Schrattenbach, der als Förderer W. A. Mozarts (s. S. 25) gilt, und danach von Erzbischof Hieronymus Graf von Colloredo, der im Zuge der Aufklärung umfassende Reformen im Kirchenwesen sowie im Kultur- und Sozialbereich durchführt.

Napoleonische Kriege, Donaumonarchie und Neuordnung Europas

Ab 1800 Im Zuge der Napoleonischen Kriege wird Salzburg von den Franzosen besetzt und kommt 1803 zunächst an den habsburgischen Großherzog Ferdinand III. von Toskana.

1806 Kaiser Franz II. muss unter dem Druck des französischen Feldherrn die deutsche Kaiserkrone niederlegen. Beginn der Donaumonarchie.

1814/15 Nachdem Salzburg 1810 vorübergehend als Salzachkreis bayerische Provinz ist, wird es nach dem Wiener Kongress endgültig in das Kaisertum Österreich eingegliedert.

1818 In der St. Nikolauskirche in Oberndorf 11 erklingt erstmals das Lied „Stille Nacht, heilige Nacht“ (s. S. 34).

1836–1850 Erzbischof Friedrich Johannes Jacob Cölestin von Schwarzenberg trägt viel zur Erschließung der Salzburger Bergwelt bei. Viele Gipfel werden im Rahmen von Expeditionen erklommen.

1848 Märzrevolution und Oktoberrevolution. Franz Joseph I. wird zum Kaiser gekrönt.

1850 Salzburg wird auf Entscheid des Kaisers ein eigenes österreichisches Kronland – bis dahin war es Teil von Österreich ob der Enns (heute Oberösterreich).

1867 Österreichisch-Ungarischer Ausgleich, in dem der Kaiser Österreichs gleichzeitig König von Ungarn wird

ab 1880 Immer mehr Orte und Regionen wie Bad Ischl 26, Bad Aussee 31 und Zell am See 59 bauen die Infrastruktur für den Fremdenverkehr aus. Bahnlinien aus Wien und anderen Städten des Reiches werden angelegt.

1900 Adlige und Großbürgertum, aber auch Künstler und Intellektuelle strömen zur Sommerfrische in die mondänen Ferienorte. Erstmals zählt man im Salzkammergut rund 100.000 Touristen.

1914 Ermordung des Thronfolgers Franz Ferdinand in Sarajevo, Kriegserklärung Franz Josephs I. an Serbien, Ausbruch des Ersten Weltkriegs.

1918 Kriegsende und Zusammenbruch des Habsburgerreiches. Österreich entsteht.

Erste Republik, Anschluss an Nazideutschland und Zweiter Weltkrieg

1918 Ausrufung der Ersten Republik

ab 1920 Schwere Wirtschaftskrise, Radikalisierung der paramilitärischen Gruppen der deutschnationalen Heimwehr und des sozialdemokratischen Schutzbunds. Die Salzburger Festspiele werden 1920 erstmalig aufgeführt.

1933 Ausschaltung des demokratisch gewählten Parlaments durch Bundeskanzler Engelbert Dollfuß und Ausrufung eines autoritären austrofaschistischen Ständestaates

1934 Februaraufstand. Bürgerkrieg zwischen der Heimwehr und dem Schutzbund

bis 1938 Regierung Kurt Schuschniggs

1938 „Anschluss“ Österreichs an Hitler-Deutschland, der von einem Großteil der österreichischen Bevölkerung begeistert gefeiert wird

1939–1945 Zweiter Weltkrieg mit der brutalen Deportation und Ermordung der Juden und heftigen Bombardements Salzburgs (v. a. ab 1943) sowie von Industriebetrieben in Hallein 39.

Mai 1945 Befreiung Österreichs durch die Alliierten

Zweite Republik bis zur Gegenwart

1945 Ausrufung der Zweiten Republik. Österreich wird in vier Besatzungszonen geteilt: Das Bundesland Salzburg und ein Großteil des Salzkammerguts wird von den US-amerikanischen Streitkräften verwaltet.

15. Mai 1955 Unterzeichnung des Staatsvertrags. Österreich wird unabhängig.

ab 1956 Österreich steht verstärkt im Zeichen der Neutralität – ein Balanceakt am Rande des Eisernen Vorhangs.

1995 Österreich tritt der EU bei.

1996/97 Das historische Zentrum Salzburgs steht auf der Liste des Weltkulturerbes der UNESCO, ebenso ein Jahr später die Region Hallstatt-Dachstein-Salzkammergut.

2023 Eine Neuordnung der Bauverordnung schränkt den Neubau von Chalet-Hotels und Zweitwohnsitzen im Bundesland Salzburg zugunsten von Wohnanlagen massiv ein.

2024 Bad Ischl samt der Region Salzkammergut wird Kulturhauptstadt Europas (s. S. 57).

ANHANG

092ms-sb

Praktische Reisetipps

An- und Rückreise

Mit dem Auto

Wer aus **Deutschland** anreist, kommt in den meisten Fällen über die **Autobahn A8** vorbei am Chiemsee nach Salzburg. Alternativ bietet sich die **A3 ab Passau** nach Schärding an, die sich als österreichische A8 bis Wels fortsetzt, von wo aus zahlreiche Bundesstraßen ins oberösterreichische Salzkammergut führen.

Ebenfalls möglich ist die Anreise über die **A93** zwischen Rosenheim und Kufstein, von wo man wahlweise über St. Johann in Tirol via B164 nach Saalfelden 66 oder über Kitzbühel via B161 nach Mittersill 62 gelangt. Diese Verbindungen sind auch bei einer Anreise aus der **Schweiz** die gängigsten, allerdings nach vorheriger Durchquerung Vorarlbergs und Tirols über die S16 sowie die A12.

Mit der Bahn

Salzburg, aber auch viele weitere größere und kleinere Orte in den Regionen Salzburger Land und Salzkammergut sind problemlos mit der Bahn zu erreichen. Häufig gibt es sogar **Direktverbindungen** mit der Deutschen Bahn, den Schweizerischen Bundesbahnen SBB bzw. mit der ebenfalls international verkehrenden Österreichischen Bundesbahn (ÖBB) oder der Westbahn. Häufig kann man auch per **Nachtzug (Nightjet)** anreisen, was sich anbietet, da man meist einen Tag „gewinnt“ und nicht zusätzlich für eine Übernachtung zahlen muss.

Vorseite: Ob nun der hl. Johannes Nepomuk oder das Navi hilft – Hauptsache, man erreicht sein Ziel

Mit dem Bus

Von vielen deutschen und Schweizer Städten gibt es **direkte Busverbindungen nach Salzburg** und in andere Orte der Region, z. B. mit **FlixBus** oder **Eurolines**, die speziell Nachtfahrten anbieten. Zwar dauert die Fahrt mit dem Bus ähnlich lange wie mit dem Zug, doch haben die Busgesellschaften häufig sehr **günstige Tarife** im Angebot.

Mit dem Flugzeug

Der **Flughafen Salzburg** [G–H3] wird nur von wenigen Fluggesellschaften saisonal angeflogen (derzeit aus Deutschland nur ab Berlin, Düsseldorf, Frankfurt, Hamburg, Köln und Lübeck), deshalb lohnt sich eine Anreise eher per Bahn.

Autofahren

Man unterscheidet in Österreich Autobahnen, Schnellstraßen, Bundes-, Landes- und Gemeindestraßen. Alle **Autobahnen und Schnellstraßen** sind **kostenpflichtig.** Man zahlt die Gebühr mit dem Kauf einer **Autobahnvignette** (umgangssprachlich „Autobahnpickerl“), die bei Automobilclubs, an Tankstellen und in Postfilialen im Grenzbereich sowie online erhältlich ist. Es gibt Vignetten für zehn Tage, zwei Monate oder ein Jahr Gültigkeit. Auf manchen Schnell- oder Landstraßen und auf einigen Autobahnen wie der A10 (Tauernautobahn) gibt es zusätzlich **Sondermautstrecken**, bei denen man die Gebühr vor Ort bar oder mit EC- oder Kreditkarte bezahlt.

› **Mautinfos und Preise:** www.asfinag.at/maut-vignette

Die **Geschwindigkeitsbeschränkungen** betragen in Österreich innerorts 50 km/h, außerorts 100 km/h und auf Autobahnen 130 km/h (für Pkw mit Anhänger nur 100 km/h).

Zwischen dem 1. Nov. und dem 15. April sind **Winterreifen** bzw. **Allwetterreifen** (M+S) bei entsprechenden Witterungsverhältnissen Pflicht, streckenweise können **Schneeketten** erforderlich sein. Es gilt Anschnall- und Warnwestenpflicht (zwei Westen, für Fahrer und Beifahrer). Die **Blutalkoholgrenze** liegt bei 0,5 ‰ – Alkoholkontrollen, in Österreich als Planquadrat bezeichnet, sind häufig.

Barrierefreies Reisen

Größere und touristisch bedeutsame Städte wie Salzburg, Gmunden 22 oder Bad Ischl 26 werden zunehmend barrierefreier. So sind mittlerweile immer mehr **Bahnen** und auch **Busse** mithilfe von Niederflurtechnik ausgestattet. Außerdem gibt es praktisch überall öffentliche **Behindertenparkplätze.**

Eine behindertengerechte Ausstattung bzw. Barrierefreiheit ist in vielen **Restaurants und Hotels,** bei manchen **Sehenswürdigkeiten,** in öffentlichen **Toiletten** sowie in **Theatern und Konzerthäusern** nicht immer gegeben. Dies gilt erst recht auf dem Land, wenn auch gerade in den Bergregionen **Gondeln und Seilbahnen** mehr und mehr auch auf Menschen mit Behinderungen eingestellt sind.

- **Allgemeine Infos:** www.austria.info/de/service-und-fakten/barrierefreies-reisen
- **Unterkünfte und reiserelevante Tipps:** www.holidaysonwheels.at
- **Infos der Tourismusverbände:** https://dachstein.salzkammergut.at/welterbe/barrierefreier-urlaub.htm, www.salzburgerland.com/de/barriere-freier-urlaub-im-salzburgerland

Diplomatische Vertretungen

- **Deutsche Botschaft,** Konsulatsreferat, Strohgasse 14 c, 1030 Wien, Tel. 01 71154-0/-123, www.wien.diplo.de, Mo–Fr nur nach vorheriger Terminbuchung
- **Schweizer Botschaft,** Prinz-Eugen-Str. 9 a, 1030 Wien, Tel. 01 79505, www.eda.admin.ch/wien, Mo–Do 9–12 Uhr

In der Region sind die Attraktionen in der Regel gut ausgeschildert

093ms-vk

Salzburger Land und Salzkammergut preiswert

Praktisch alle in diesem Buch beschriebenen Regionen bieten **Bonus- oder Gästekarten** an, die Besucher in der Regel kostenlos von Beherbergungsbetrieben für die Dauer des Aufenthalts bekommen, sofern sie mindestens eine Übernachtung tätigen. Je nach Saison (meist zwischen Mai und Oktober) gibt es dann günstigere Angebote oder sogar freien Eintritt für diverse Attraktionen und in ausgesuchten Betrieben, Shops, Lokalen, häufig auch für Fahrten mit Bergbahnen und Schifffahrtslinien sowie bei der Befahrung mautpflichtiger Panoramastrecken.

Alternativ gibt es kostenpflichtige **Sparkarten**, die entweder für das ganze Bundesland oder bestimmte Regionen erhältlich sind und meist Gratis-Eintritte in Sehenswürdigkeiten, kostenfreie Nutzung der öffentlichen Verkehrsmittel und viele weitere Ermäßigungen bieten. Diese Sparkarten sind v. a. dann sinnvoll, wenn man sich mehrere Tage an einem Ort aufhält und nicht nur eine Sehenswürdigkeit besuchen will. Speziell in Salzburg ist dies z. B. die **Salzburg Card**, die es für 24, 48 oder 72 Stunden gibt (www.salzburg.info/de/hotels-angebote/salzburg-card). Nähere Infos erteilen die jeweiligen touristischen Infobüros.

096ms-dk

Geldfragen

Auch in Österreich zahlt man mit dem Euro. Das **Preisniveau** ist vergleichbar mit dem in süddeutschen Städten. Etwas billiger sind speziell Benzin und Diesel-Kraftstoffe, sofern man nicht an Autobahntankstellen tankt.

Die **EC-Karte** bzw. **Girocard** – in Österreich wird sie „Bankomatkarte" genannt – kann mit Geheimnummer (für deutsche Karten gegen Gebühr) an jedem Geldautomaten zum Abheben von Bargeld eingesetzt werden. Die Gebühren für das Abheben per Kreditkarte sind meist höher.

Kreditkarten werden in den allermeisten Restaurants und Geschäften und auch an allen Tankstellen als Zahlungsmittel akzeptiert, speziell auf dem Land ist es aber ratsam, immer etwas **Bargeld** mit sich zu führen.

Informationsquellen

Salzburger Land und Salzkammergut im Internet

Die relevanten Homepages der Unterregionen, z. B. von Pongau oder Lungau, sind jeweils am Anfang eines jeden Kapitels aufgeführt. Auch die Websites einzelner Orte stehen im ersten Teil des Buches.

- **www.austria.info:** Die Internetpräsenz des österreichischen Tourismusverbands mit vielen Tipps und Infos zu allen Regionen, aber auch zu Kulinarik, Erholung, Inspiration und Bewegung.
- **www.oberoesterreich.at:** Die oberösterreichischen Tourismusverbände präsentieren auf dieser Seite alles Wichtige zum Urlaub in den hiesigen Regionen, inkl. des Oberösterreichischen Salzkammerguts. Durch die Chat-Funktion kann auf individuelle Fragen eingegangen werden und auch Unterkünfte lassen sich buchen.

- **www.salzburgerland.com:** Ob in der Stadt Salzburg oder in den fünf Gauen, diese Internetseite beantwortet alle reiserelevanten Fragen und ermöglicht zudem die Buchung von Unterkünften und diversen Reisepaketen in der Sommer- oder Wintersaison.
- **www.salzkammergut.at:** Die ultimative Website für das Salzkammergut, übergreifend über die drei Bundesländer Salzburg, Oberösterreich und Steiermark, auf der neben Unterkünften auch viele Infos zu Veranstaltungen und Aktivitäten zu finden sind.
- **www.steiermark.com:** Zwar macht das Ausseerland und die Region Schladming-Dachstein nur einen kleinen Teil der Steiermark aus, doch auf dieser Seite erfährt man alles Wissenswerte zu Aktivitäten, Kultur, Kulinarik u. v. m.

Smartphone-Apps

- **ÖBB Scotty:** App der österreichischen Bahn mit Routenplaner (kostenlos für Android und iOS)

Reiche Fauna: Speziell in den Bergregionen sind Murmeltiere keine Seltenheit

- **Salzburg Verkehr:** Nahverkehrsapp der Stadt Salzburg mit Ticketkauf (kostenlos für Android und iOS)
- **WESTbahn:** App der privaten Westbahn zum Ticketkauf (kostenlos für Android und iOS)
- **Erlebnis Nationalpark:** App des Nationalparks Hohe Tauern (s. S. 96) mit Tourenplaner für Wanderungen (kostenlos für Android und iOS)
- **Hochkönig:** umfangreiche Tourenangebote und viele reiserelevante Infos für die Urlaubsregion Hochkönig 46 (kostenlos für Android und iOS)
- **Lungau:** App des Tourismusverbandes St. Michael 68 mit Wander- und Erlebniswegbeschreibungen, Busfahrplänen u. v. m. (kostenlos für Android)
- **Schladming-Dachstein:** App der gleichnamigen Region mit aktuellen Hinweisen zu Touren, Liftanlagen und Wetter. Außerdem fungiert die App als digitale Gästekarte (kostenlos für Android und iOS).
- **Zell am See-Kaprun:** Auch diese App funktioniert als digitale Gästekarte. Dazu beinhaltet sie tagesaktuelle Infos zur Region, eine Mobilitätskarte, einen Veranstaltungskalender und außerdem einen Restaurantführer (kostenlos für Android und iOS).

Medizinische Versorgung

Mit der **Europäischen Krankenversicherungskarte (EHIC)**, die in der Regel auf die Rückseite der Gesundheitskarte gedruckt ist, können gesetzlich Krankenversicherte europaweit unmittelbar erforderliche medizinische Versorgung in Anspruch nehmen. Die Vorlage der Karte genügt, um bei Unfall oder akuter Erkrankung behandelt zu werden. Gegebenenfalls kann es von Vorteil sein, eine **Auslandskrankenversicherung** abzuschließen, insbesondere hinsichtlich des Rücktransports im Krankheitsfall.

Apotheken sind normalerweise leicht zu finden. Außerhalb der Öffnungszeiten (meist Mo–Fr 8–12 und 14–18 Uhr, Sa 8–12 Uhr) kann man die diensthabenden Apotheken entweder den Aushängen entnehmen oder sie unter **https://apo24.at** erfahren. Den **ärztlichen Notdienst** erreicht man Mo–Fr 19–7 Uhr und Sa/So sowie feiertags rund um die Uhr unter **Tel. 141**.

Österreich gehört in Europa zu den am stärksten von der **Frühsommer-Meningoenzephalitis (FSME)** betroffenen Gebieten, weshalb eine sog. **Zeckenimpfung** empfohlen wird (mehr Infos unter www.zecken.at).

Notfälle

Notrufnummern

- **Euronotruf:** Tel. 112
- **Feuerwehr:** Tel. 122
- **Polizei:** Tel. 133
- **Rettung/Notarzt:** Tel. 144
- **Ärztlicher Notdienst:** Tel. 141
- **ÖAMTC-Pannenhilfe:** Tel. 120
- **Alpinnotruf:** Tel. 140

Hilfe in den Bergregionen

Für Notfälle in den Bergen ist in erster Linie die **Österreichische Bergrettung** zuständig. Ihre Einsätze sind jedoch in der Regel **nicht durch Versicherungen gedeckt** und müssen entsprechend privat bezahlt werden. Im Falle aufwendiger Rettungsaktionen durch Bergungsteams oder in Verbindung mit einem Hubschraubereinsatz kann dies sehr schnell ziemlich teuer werden.

- https://bergrettung.at, Tel. 140

Kartensperrung

Bei **Verlust der Debit-/Giro-, Kredit- oder SIM-Karte** gibt es für Kartensperrungen eine **deutsche Zentralnummer** (unbedingt vor der Reise

Abgelegene Gegenden sind im Notfall nur aus der Luft schnell erreichbar

104ms©johannes86, stock.adobe.com

095ms-sb

klären, ob die eigene Bank bzw. der jeweilige Mobilfunkanbieter diesem Notrufsystem angeschlossen ist). **Aber Achtung:** Mit der telefonischen Sperrung sind die Bezahlkarten zwar für die Bezahlung/Geldabhebung mit der PIN gesperrt, nicht jedoch für das **Lastschriftverfahren mit Unterschrift.** Man sollte daher auf jeden Fall den Verlust zusätzlich bei der Polizei zur Anzeige bringen, um gegebenenfalls auftretende Ansprüche zurückweisen zu können.

In **Österreich** und der **Schweiz** gibt es keine zentrale Sperrnummer, daher sollten sich Besitzer von in diesen Ländern ausgestellten Debit- oder Kreditkarten vor der Abreise bei ihrem Kreditinstitut über den zuständigen Sperrnotruf informieren.

Generell sollte man sich immer die **wichtigsten Daten** wie Kartennummer und Ausstellungsdatum **separat notieren**, da diese unter Umständen abgefragt werden.

- **Deutscher Sperrnotruf:** Tel. +49116116 oder Tel. +493040504050
- **Weitere Infos:** www.kartensicherheit.de, www.sperr-notruf.de

Öffnungszeiten

In Österreich sind die meisten **Geschäfte** Montag bis Freitag 9–20 Uhr und Samstag 9–18 Uhr geöffnet, manche Lädchen machen manchmal eine Mittagspause. **Lebensmittelläden** öffnen meist früher und schließen samstags oft schon am frühen Nachmittag. Sonntags bleiben alle Geschäfte geschlossen, Ausnahmen bilden Shops im Hauptbahnhof Salzburg und am Flughafen. **Postfilialen** sind Montag bis Freitag 8–12 und 14–18 Uhr sowie Samstag 9– 12 Uhr geöffnet. **Museen** besucht man am sichersten zwischen 10 und 16 Uhr, wobei viele montags geschlossen haben. Praktisch überall in den hier beschriebenen Regionen – mit Ausnahme der Landeshauptstadt Salzburg – bleiben viele **Attraktionen** wie Museen, Burgen, Parkanlagen, Zoos, aber auch Schaubergwerke, Höhlen, Klammen, Hochseilgärten und Klet-

In der Hauptsaison haben viele Informationsbüros täglich geöffnet

terparks zwischen Ende Oktober und Ende April geschlossen.

Ämter sollten zwischen 8 und 12 Uhr aufgesucht werden, **Banken** sind gewöhnlich Montag, Dienstag, Mittwoch und Freitag 8–15 Uhr und Donnerstag bis 17.30 Uhr für Kunden geöffnet.

Restaurants bieten in der Regel sowohl zur Mittagszeit (ca. 11.30–14 Uhr) als auch abends (ca. 18–21 Uhr) warme Küche und das mit Ausnahme von ausgesprochenen Wintersportorten wie Obertauern, Saalbach oder Hinterglemm das ganze Jahr über. Wer später essen möchte, muss speziell in kleineren Orten auf **Imbisslokale** ausweichen.

Post

In Österreich gibt es für **Auslandsbriefe** die Versandarten Priority und Economy, wobei Standardsendungen bis 20 g und Postkarten immer mit Priority-Versand transportiert werden und das Porto innerhalb Europas 1,20 € bzw. weltweit 1,90 € beträgt. Im Inland wird für Standardbriefe und Postkarten 0,81 € fällig. Briefkästen sind in Österreich gelb.

› www.post.at

Telefonieren

Seit 2017 gibt es in der EU **keine Roaminggebühren** mehr. Damit ist das Telefonieren und Surfen im Internet mit dem Handy im EU-Ausland so günstig wie zu Hause – es sei denn, man nutzt das Handy im Ausland über einen längeren Zeitraum hinweg, dann können je nach Anbieter Nutzungsobergrenzen gelten.

Österreichs Städte und Gemeinden haben jeweils eine **Ortsvorwahl**, Salzburg z. B. 0662 oder Bad Ischl 06132. Die 0 der Ortsvorwahl entfällt bei Gesprächen aus dem Ausland bzw. mit ausländischem Handy. Die Telefonnummern in diesem Buch sind stets mit der entsprechenden Ortsvorwahl angegeben.

Vorwahlen

- **Deutschland:** 0049
- **Österreich:** 0043
- **Schweiz:** 0041

Zu jeder Jahreszeit bezaubernd: der Grundlsee (33)

Wetter und Reisezeit

Das Salzburger Land und das Salzkammergut werden von einem recht milden, teilweise von feuchten Westwinden geprägten **mitteleuropäischen Kontinentalklima** dominiert. Durch die **alpine Topografie** der Region ist diese Aussage aber nur teilweise zutreffend: So zählt man die Gebiete in zunehmender Höhe zu den borealen und Tundrenklimazonen, während in den Gipfelbereichen sogar polares Klima anzutreffen ist.

Im Allgemeinen gibt es **heiße Sommer und kalte Winter** mit sehr unterschiedlichen Niederschlagsmengen. Speziell an den Rändern des Alpenhauptkamms ist es äußerst niederschlagsreich, in den inneralpinen Tälern hingegen kann es sehr trocken sein. Meteorologisch einzigartig ist in diesem Zusammenhang der **„Schnürlregen“**, ein feiner, meist nur in den Sommermonaten vorkommender Regen, der wie in Schnüren gerade vom Himmel fällt und typisch für die Stadt Salzburg und ihre Umgebung ist.

Schnee gibt es im Flachland immer seltener und wenn, dann nur in wenigen Fällen dauerhaft. In alpinen und hochalpinen Regionen ist das selbstverständlich anders, wenngleich auch hier der **Klimawandel** zu spüren ist und so manche Wintersportregion alljährlich über zu wenig Schnee stöhnt.

Kurzum: Eine Reise in die Regionen Salzburger Land und Salzkammergut lohnt sich das ganze Jahr über – es kommt dabei immer auf die persönlichen Prioritäten an. Natürlich ist der Zeitrahmen für **Wintersport** zwischen Dezember und Ende Februar am klarsten definiert. **Städtetrips** können gerade zu Weihnachten oder Silvester äußerst romantisch sein. Möchte man Wandern, Klettern, Radfahren oder andere **Outdoor-Aktivitäten** (s. S. 110) ausüben, sind die Monate **Mai bis September** perfekt geeignet, da sie weitgehend warm und wetterbeständig sind. Zwischen Ende Oktober und Ende April bleiben viele Attraktionen **geschlossen.** In zahlreichen Regionen werden dann auch jene Liftanlagen abgeschaltet, die für die Wintersportinfrastruktur irrelevant sind.

Der **Sommer** ist die beste Jahreszeit zum **Schwimmen und Baden** in einem der zahlreichen Seen – auch wenn es an vielen speziell zur Urlaubszeit in den Monaten Juli und August sehr voll werden kann. In den Landwirtschaftsregionen können auch der Frühling zur **Obstblüte** oder der Spätsommer sowie Herbst zur **Erntezeit** reizvolle Urlaubserlebnisse vermitteln.

Wetter in Salzburg

Durchschnitt	Jan	Febr	März	Apr	Mai	Juni	Juli	Aug	Sept	Okt	Nov	Dez
Maximale Temperatur	2°	4°	9°	14°	19°	22°	24°	23°	20°	14°	8°	3°
Minimale Temperatur	–6°	–5°	–1°	4°	8°	11°	13°	13°	10°	5°	0°	–4°
Regentage	16	14	13	16	17	18	18	17	14	13	14	14

Register

Grün und glasklar: Der Jägersee im Kleinarltal (s. S. 83) braucht keine Fotonachbearbeitung

105ms-ah

Das ist noch nicht alles!
Mehr Reise Know-How gibt es hier:
www.reise-know-how.de
@ReiseKnowHow
@reiseknowhowverlag
@Reise_KnowHow
auf www.reise-know-how.de
für den Newsletter anmelden
Zugspitze, Foto: Aneta Niemitz
Reisen mit Know-How

Impressum

Daniel Krasa

MeinTrip Salzburger Land und Salzkammergut

1. Auflage 2023

ISBN 978-3-8317-3734-5

Druck und Bindung:
mediaprint solutions GmbH, Paderborn

Herausgeber: Klaus Werner, Ulrich Kögerler
Layout: amundo media GmbH (Umschlag, Inhalt), Peter Rump (Umschlag)
Lektorat: amundo media GmbH
Karten: Ingenieurbüro K. Wendler, amundo media GmbH
Anzeigenvertrieb: KV Kommunalverlag GmbH & Co. KG, Alte Landstraße 23, 85521 Ottobrunn, Tel. 089 928096-0, info@kommunal-verlag.de
Kontakt: Osnabrücker Str. 79, 33649 Bielefeld, info@reise-know-how.de

Alle Angaben in diesem Buch sind gewissenhaft geprüft. Preise, Öffnungszeiten usw. können sich jedoch schnell ändern. Für eventuelle Fehler übernehmen Verlag wie Autor keine Haftung.

Bildnachweis

Umschlagvorderseite: © auergraphics, stock.adobe.com | Umschlagrückseite: Daniel Krasa | Umschlagklappe rechts: © yy, stock.adobe.com. Soweit ihre Namen nicht vollständig am Bild vermerkt sind, stehen die Kürzel an den Abbildungen für die folgenden Fotografen, Firmen und Einrichtungen. Daniel Krasa: dk | Risa Krasa: rk | Lukas Mayrhofer: lm | Andrea Weigl: aw | Sunita Benzing: sb | Alessandra Houard: ah | Valentin Koch: vk

Zeichenerklärung

- Sehenswürdigkeit
- Aussichtspunkt
- Bar, Treffpunkt
- (Besucher-)Bergwerk
- Biergarten, Pub, Kneipe
- Burg, Schloss
- Café
- Campingplatz
- Denkmal
- Flughafen
- Freibad
- Friedhof
- Galerie
- Geschäft, Kaufhaus, Markt
- Hallenbad
- Höhle
- Hotel, Unterkunft
- Imbiss, Bistro
- Informationsstelle
- Kapelle
- Kirche
- Kloster
- Krankenhaus, Arzt
- Mautstraße
- Museum
- Musikszene, Club, Disco
- Parkplatz
- Restaurant
- ★ Sehenswürdigkeit
- Skisprungschanze
- Sonstiges
- Sport-/Spieleinrichtung
- Theater
- Tiergehege, Wildpark
- Turm

Bewertung der Attraktionen

- ★★★ nicht verpassen
- ★★ besonders sehenswert
- ★ wichtig für speziell interessierte Besucher

Salzburger Land und Salzkammergut mit PC, Smartphone & Co.

QR-Code auf dem Umschlag scannen oder **www.reise-know-how.de/meintrip/salzburg23** eingeben und die **kostenlose Web-App** aufrufen (Internetverbindung zur Nutzung nötig)!

★**Anzeige der Lage und Satellitenansicht aller** beschriebenen Sehenswürdigkeiten und weiteren Orte
★**Routenführung** vom aktuellen Standort zum gewünschten Ziel
★**Updates** nach Redaktionsschluss

GPS-Daten zum Download

Die GPS-Daten aller Ortsmarken stehen auf der Produktseite des Titels auf www.reise-know-how.de zum Download zur Verfügung.

Die Information über und die Bereitstellung von digitalen Zusatzinhalten (z. B. Web-App, Links, GPS-Tracks o. Ä.) ist eine freiwillige Zusatzleistung des Verlages, auf die kein Anspruch besteht und für deren Richtigkeit aufgrund der Veränderlichkeit solcher Informationen auch nicht gehaftet werden kann. Insbesondere behält sich der Verlag deshalb vor, die Bereitstellung und die Zugriffsmöglichkeit zeitlich zu befristen und den Zugriff hierauf auch vorfristig abzuschalten.

Legende Stadtplan Salzburg

1 [S. 144] Festung Hohensalzburg S. 20
2 [S. 144] Kapitelplatz S. 21
3 [S. 144] Dom und Domplatz S. 22
4 [S. 144] Neue Residenz mit Salzburg Museum S. 23
5 [S. 144] Alter Markt S. 23
6 [S. 144] Getreidegasse mit Mozarts Geburtshaus S. 24
7 [S. 144] Universitätsplatz S. 26
8 [S. 144] Festspielbezirk S. 26
9 [S. 144] Mönchsberg S. 26
10 [S. 144] Schloss Mirabell mit Mirabellgarten S. 27

15 [S. 144] Spielzeug Museum S. 24
16 [S. 144] Balkan Grill S. 26
•17 [S. 144] Mönchsbergaufzug S. 27
18 [S. 144] Museum der Moderne (MdM) S. 27
19 [S. 144] Mozart-Wohnhaus S. 28
20 [S. 144] St. Sebastiankirche S. 28
26 [S. 144] Café Bazar S. 30
27 [S. 144] Café Fürst S. 30
28 [S. 144] Café Tomaselli S. 30
30 [S. 144] Goldener Hirsch S. 30
31 [S. 144] Schatz Konditorei S. 30
32 [S. 144] Sternbräu S. 30
33 [S. 144] Wirtshaus Elefant S. 30
34 [S. 144] Johanneskeller S. 30
35 [S. 144] Buchhandlung Höllrigl S. 31
36 [S. 144] Ploom S. 31
37 [S. 144] R. F. Azwanger S. 31
38 [S. 144] Salzburger Heimatwerk S. 31
39 [S. 144] Zuckerlwerkstatt S. 31
41 [S. 144] Club G7 S. 31
42 [S. 144] Darwin's S. 31
44 [S. 144] Monkeys Café-Bar S. 31
45 [S. 144] Mozarteum S. 31
46 [S. 144] Salzburger Landestheater S. 31
47 [S. 144] Tourist Info Salzburg S. 32